2016年 7月23日

黒田博樹　日米通算200勝達成

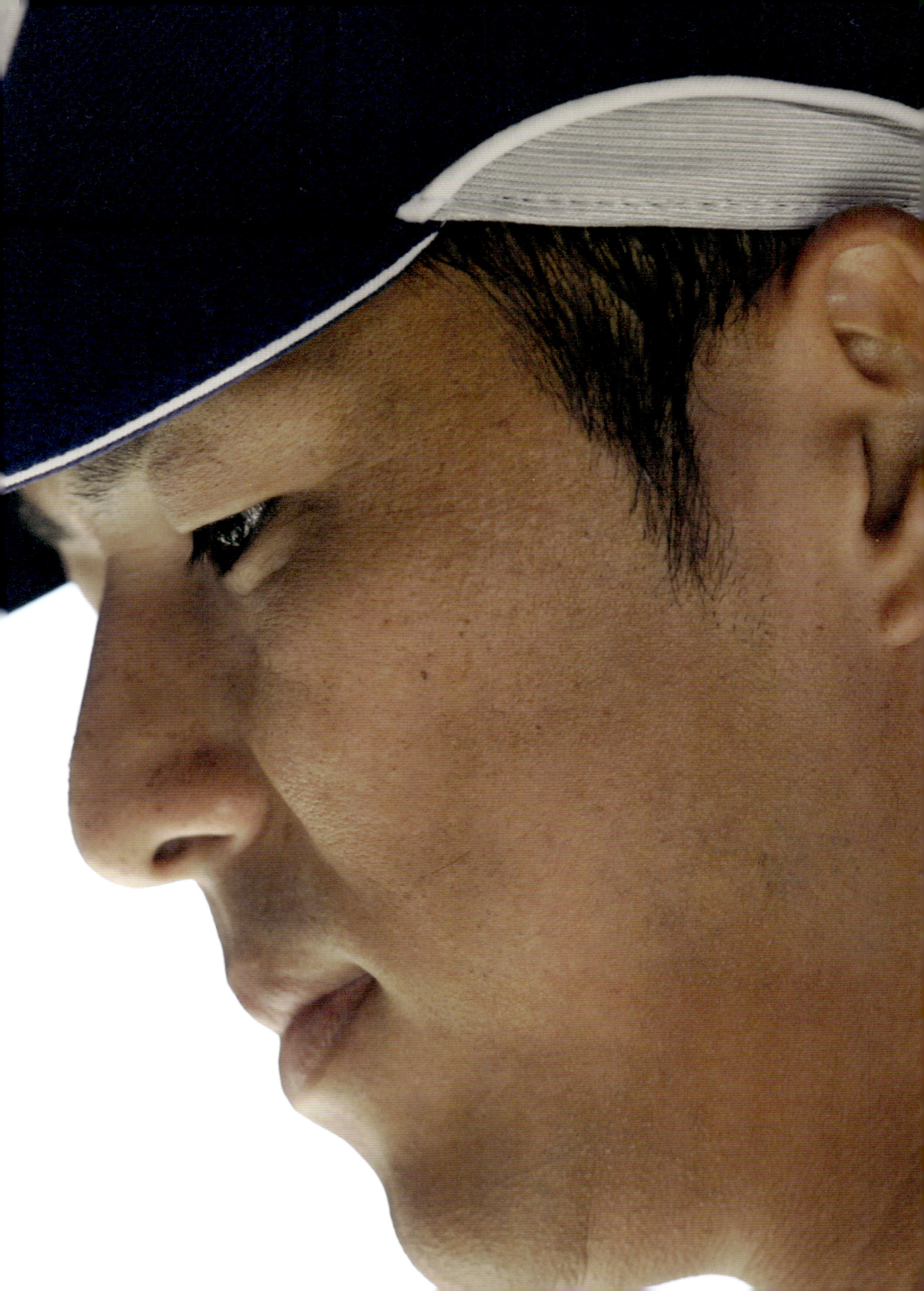

永久保存版

黒田博樹 200勝の軌跡

たどる激闘の記憶

農とあゆむ JAバンク広島
アサヒビール
黒田 博樹
HIROKI KURODA
200
WINS
達成おめでとう!
春日野 東亜地所
KIRIN
一番搾り
nishikawa
西川ゴム工業
youme
あの黒田さんがまさか…
1イニング10失点
通算200勝達成!
阪神タイガース戦

The Best 10 games

～黒田博樹をめぐる10の物語～

生島 淳＝文 text by Jun Ikushima

２０１６年、６月29日に１９９勝目を挙げてからの「あと１勝」は簡単ではなかった。７月６日の中日戦、７月13日の巨人戦と足踏み。ファンをやきもきさせながら、ようやく、学校が夏休みに入ってからの７月23日、マツダスタジアムでの阪神戦で、黒田博樹は日米通算２００勝を達成した。

「早く達成したかったので、今はホッとしています」

本音だろう。しかし、苦労して大台に到達したところに「黒田らしさ」を感じたのは私だけだろうか。これだけの勝ち星を積み上げるのに、丸20年かかった。黒田は言う。

「僕に対する周囲の評価は、決して高くなかった。でも、それで天狗にならなくて済んだのかもしれません」

振り返れば、苦難の歴史である。大阪・上宮高校では補欠。カープには逆指名で入団したものの、１位ではなく２位指名だった。そこからカープでエースとしての地位を築いたが、アテネ五輪ではブルペンに回らされた。その悔しさをバネに日本球界を代表する投手へと飛躍し、メジャーリーグに飛び込んだ。

「苦労は好きじゃないですよ」と笑顔で話す。しかし、いつも進んで苦しい道を選んできた。

彼が成し遂げた２００勝への道のりを、象徴的な10の試合とともに振り返ってみよう。

200勝の軌跡を

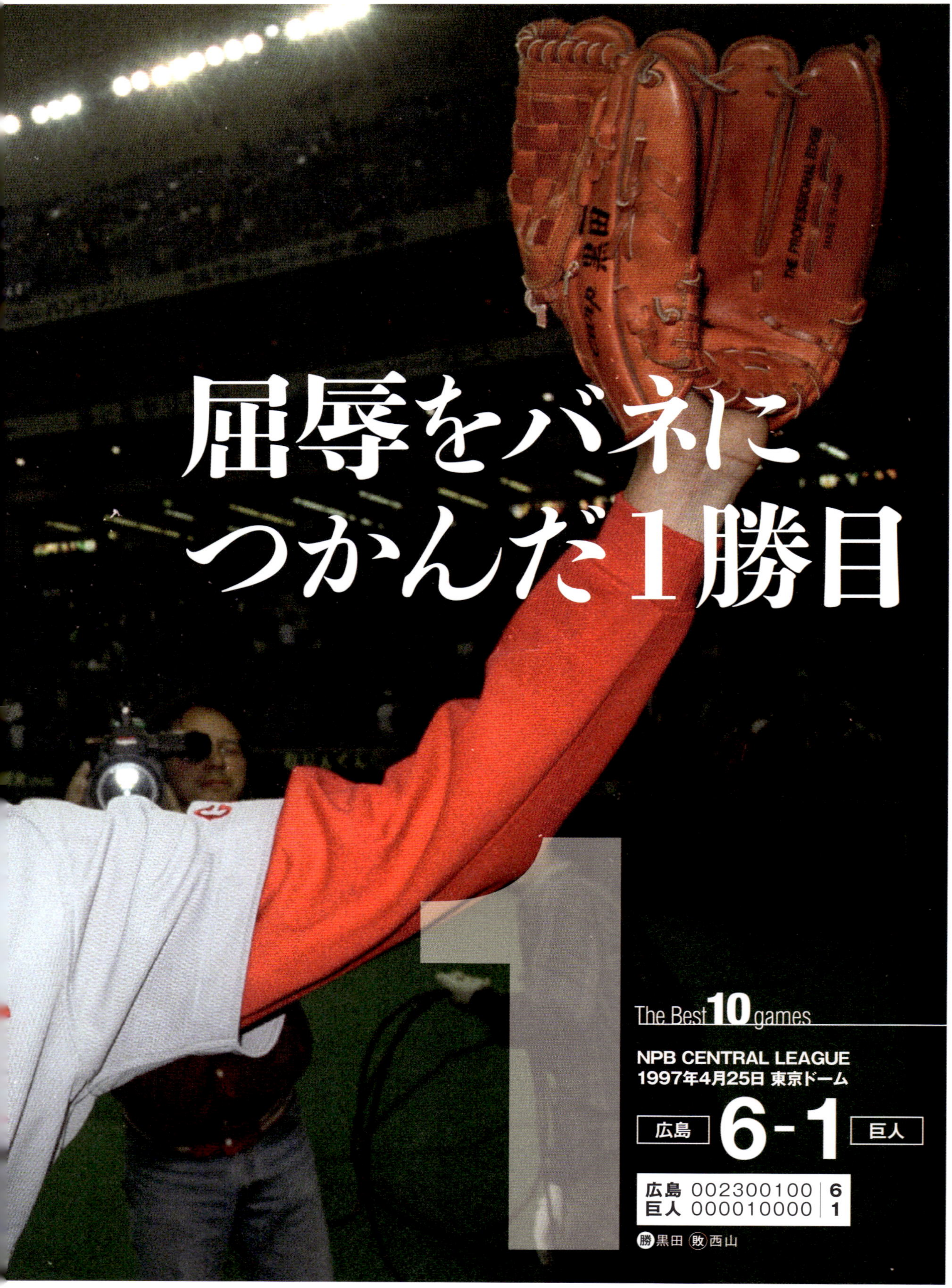

屈辱をバネにつかんだ1勝目

1

The Best 10 games

NPB CENTRAL LEAGUE
1997年4月25日 東京ドーム

広島 6-1 巨人

広島	002300100	6
巨人	000010000	1

勝 黒田 敗 西山

プロ初勝利を挙げた試合後、報道陣の撮影に応じる黒田。ここから200勝への歩みが始まった。

日本球界では、日本学生野球憲章の規定により、アマチュアとプロの交流が禁じられている。黒田が大学生だった1990年代は、現在と比べるとさらに厳しかった。

だからこそ、プロ球団のスカウトは大学の練習を見に行っても、お目当ての選手に声を掛けることすらできず、遠くからじっと見守るしかなかった。

けれど、黒田は広島のスカウトが熱心に自分のことを見てくれているのを知っていた。

「大学4年になってからは、いろいろな球団のスカウトの方が見えられましたが、自分としては最初に興味を持ってくれた広島の方に恩義を感じていました」

プロの洗礼を浴びた屈辱の10失点

そして黒田は、1996年のドラフトで逆指名制度を利用し、広島東洋カープに入団する。入団当時のことを、黒田はこう振り返る。

「プロに入ったことで、ホッとしていた面もありましたし、どこかしら

広島東洋カープの1996年度新人入団発表。右から2番目が黒田（背番号15）。左隣がドラフト逆指名1位で青山学院大学から入団した澤崎俊和（背番号14）。この年の広島は、戦力となる選手を厳選し、ドラフトでも4位までしか指名を行わなかった。

〝なんとかやっていけるんじゃないか〟と自惚《うぬぼ》れていたところもありました。でも、キャンプから開幕にかけての2カ月もの間に、ずいぶんと勉強させてもらいました」

残念ながら黒田は開幕一軍に残ることはできなかった。オープン戦で印象的な活躍を見せることができなかったからだ。そして、大学の卒業式前に行われた中日との二軍戦で、黒田は登板する機会があった。先発ではなく、リリーフとして。そこで黒田はなす術《すべ》なく、1イニングで10点を取られてしまう。その日の記憶は曖昧なままだという。

「これだけの大量失点だと、だいたいは四球が絡みます。でも四球を出した記憶はないんです。高校を出たばかりのルーキーにも打たれ、とにかくボコボコに打たれまくって、止められない感じでした」

当時の黒田の球種は、ストレートを中心にスライダー、フォークを織り交ぜるものだったが、まだ精密なコントロールがなく、ボール球を楽々と見極められ、カウントが苦しくなったところで投げるストレート

を簡単に弾き返された。スピンのかかったストレートはかなりの球速が出ていたものの、プロの選手は速い球を恐れはしない。黒田のストレートは、狙われた獲物だった。

しかし、どんなに黒田が打たれても、ベンチの安仁屋宗八二軍監督は動こうとしない。3アウトを取るまでに積み重なった失点は「10」。

交代してくれたらどれほど楽だったことか……。ダグアウトに帰ってからも、黒田はただただ呆然とするしかなかった。

試合が終わってから、安仁屋二軍監督は周りに選手たちがいるのを承知で、黒田に向かってこう話した。

「お前、今日でプロの厳しさが少しは分かっただろう」

返事をする必要もなかった。これだけ打ちのめされたのだから、あとは練習をするしかない。

プロ初登板初先発でいきなり完投勝利

幸いなことに、広島にはどんなに無様な投球をしたとしても、選手を「育てる」という強い信念があった。

その後もファームで初回に7点を許したこともあったが、このつらい経験を経て、黒田は急速にプロの投手としての自覚を身につけていく。

シーズン開幕後の4月に入ってからは、ストレートだけでなく、変化球の制球力が格段に向上し、一軍で登板するメドが立った。

「一軍に上げたら、すぐに（試合で）使ってほしい」

安仁屋二軍監督は、そう申し伝えて黒田を一軍に送り出した。

そして1イニング10失点という屈辱のマウンドからわずか1カ月後、二軍監督の伝言を受け取った三村監督は、4月25日の巨人戦で黒田に先発のマウンドを託した。

結果は、9回1失点の完投勝利。ファームでのつらい経験は、無駄ではなかったのだ。

完投勝利を飾った黒田のもとへ広島の三村監督が駆け寄り、快投を称えた。

2016年7月23日、日米通算200勝を達成した黒田にチームが用意したTシャツには、1イニング10失点を喫した二軍戦に引っ掛けて、「あの黒田さんがまさか…（200勝するなんて）」とのユーモアあふれるメッセージが。屈辱をバネに立ち上がる強さが、その後の黒田の飛躍につながっていった。

黒田博樹×松井秀喜 最後の同級生対決

黒田博樹と松井秀喜は、同級生である。しかし、野球人生の歩みは対照的だった。

松井は高校3年の夏の甲子園、明徳義塾戦における「5打席連続敬遠」で日本中の話題をさらった。一方、黒田は大阪・上宮高校で本人曰く「2番手投手」。松井が高校を出てすぐ巨人に入団したのに対し、黒田は専修大に進学。そこで徐々に頭角を現し、卒業後に広島のユニフォームを着る。

2002年、プロで実績を重ねた黒田と松井は、それぞれ球団の「顔」となっていた。この年、二人の最後の対決となったのが、9月7日の東京ドームでの試合だった。

すでにこの時から、黒田は「野球

The Best **10** games

2

NPB CENTRAL LEAGUE
2002年9月7日 東京ドーム

広島 4-3 巨人

広島	011000200	4
巨人	100200000	3

勝 黒田 敗 工藤

表情に出さずともお互いを強く意識していた黒田と松井。松井も引退後に、「あまり僕は誰がライバルとか思わなかったが、今思うと黒田との対決が一番心の中では燃えていた」と、当時の胸の内を明かしている。

を楽しむという意味では、唯一の打者が松井」と話していた。マウンドに立つのはつらく、打者との駆け引きをエンジョイすることがほとんどないという黒田が、最上級の賛辞を贈っていたのが松井だった。

それまでの対戦成績は、14打数5安打、本塁打1本と松井が優勢。そしてこの日、2対1と広島がリードした4回裏に、ランナーを1人置いて松井に打席がまわってきた。

黒田は真っ向勝負で追い込み、ウィニングショットを松井の内角に投げ込む。松井は強振したものの、両腕は折りたたまれ、打球は明らかに詰まっていた。しかし、ふわりと上がった打球は飛距離を伸ばし、巨人ファンで埋まった東京ドームのライトスタンドへと吸い込まれた。

これが松井の42号ホームラン。シーズン自己最多のホームラン数に並ぶ一発だった。

一打逆転の場面で松井との勝負を選択

しかし、この日は黒田も黙っていない。続く6回の打席では、松井に一度もバットを振らせることなく三振に切って取る。

そしてこの試合の最大の山場が8回裏に訪れる。7回に広島が逆転し、スコアは4対3と1点リード。二死一塁の場面で松井に打席がまわってきたのだ。ほかの投手だったら、勝負を避けるような場面である。ここは本塁打の出やすい東京ドーム、しかもランナーはいるものの2アウト。誰しも一塁へ歩かせたほうが安全だと思ったのではないか。しかし、黒田は逃げなかった。

初球に力の入った速球を投げ込む。148キロのストレート。松井はフルスイングで空振り。黒田は逃げることなく速球中心で攻め続け、カウント2－2と追い込む。ここからは両者互いに譲らずファウルが3球続く。

そして、黒田の松井に対する投球は11球目。黒田が選んだ球種は……フォーク。

高めに浮いたフォークに、松井は反応できなかった。東京ドームの観客を魅了した同級生同士の「一騎打ち」は、見逃しの三振という形で黒田に軍配が上がった。

黒田はリリーフにつなぐことなく、当然のように9回も投げ切り、完投勝利で9勝目を挙げた。

好敵手であり、同級生でもある松井との対戦を、黒田は試合後にこう振り返った。

「最後はすっぽ抜けた球で、結果オーライの三振でしたね。たまたまですが、あれだけのバッターを抑えたのは自信につながります」

逆転のチャンスだった8回の打席で打ち取られた松井も、

「いい勝負だったよね。最後は三振でずっこけたけど、気持ちよかったね」

前年の2001年に初の二桁勝利となる12勝を挙げ、真価が問われる年となった2002年。いつも先を走っていた同級生の松井秀喜に対し、広島の新エースとして、初めて対等な立場で勝負を挑んだシーズンでもあった。

8 回裏、フォークで松井を見逃し三振に切って取った黒田。この打席が二人の最後の対戦となった。

最後の対戦から 11 年後の 2013 年 7 月 28 日、ニューヨーク・ヤンキースが「松井秀喜引退セレモニー」を開催。黒田はヤンキースの中心投手として、チームの功労者である松井を迎え入れた。二人の野球人生がアメリカで再び交錯した。

もう対戦することがない。それが一番寂しかった。

と爽やかに語った。

二人の間には、真っ向勝負を挑んでくる相手に対する「尊敬の念」と、同級生としての「同朋意識」があったのだろう。黒田は最後にこう付け加えた。

「これからも対戦したい相手です」

しかし、松井はシーズン終了後にメジャーリーグへの挑戦を表明。結果的に二人が対戦したのは、この試合が最後となってしまった。

2003年から7年間、松井はニューヨーク・ヤンキースの主軸打者として活躍。2009年にはワールドシリーズでMVPを獲得する。

黒田がヤンキースのユニフォームを着たのは、松井が去ってから3年後の2012年のことだった。

黒田博樹は迷っていた。

１９９７年にカープへ入団してから丸10年、２００６年シーズン終了後にフリーエージェント（ＦＡ）の権利を取得することになっていた。

投手としても、まさに充実期を迎えていた。30歳を越えても現状に満足することなく、向上心を持ち続けることができたのは、２００４年のアテネ五輪に参加したことが大きいと黒田は言う。

「日本代表のメンバーに選ばれたわけですが、先発陣には〝中央〟の球団（巨人や阪神など）の選手が指名されて……。自分はブルペンへ回ることになり、『ひょっとしたら、自分がカープの選手だから低く見られているんじゃないか？』と思ったこともありました」

オリンピックによる一時離脱もあってか、この年の黒田は7勝しか挙げることができず、不本意なシーズンとなってしまった。

悔しさを味わった２００４年の経験から導き出した結論は、「自分が絶対的なエースになる」ということだった。もしもまた代表に選ばれるようなチャンスがあったら、自分が先発に指名されるような絶対的な存在になろうと意を決したのである。

その思いを黒田は現実のものとする。２００５年にセ・リーグ最多勝

ライトスタンドに掲げられた巨大な横断幕。そこに書かれたファンからのメッセージは、登板に備えていた黒田の目にもしっかり届いていた。

The Best **10** games

3

NPB CENTRAL LEAGUE
2006年10月16日 広島市民球場

広島 7-5 中日

中日	002200010	**5**
広島	10105000×	**7**

(勝)広池 (S)黒田 (敗)佐藤充

横断幕が示した“帰るべき”場所

となる15勝を挙げ、翌2006年には、最優秀防御率のタイトルも獲得した。

この時点で、黒田は間違いなくセ・リーグを、いや、日本球界を代表する投手となっていた。そしてこの年のシーズンを終えると、黒田はFAとなる。自由に球団を選べるチャンスがやってきたのだ。

揺れる心に響いた横断幕のメッセージ

すでに巨人、阪神、ソフトバンクといった潤沢な資金力を有する〝中央〟の球団が、黒田の獲得に動くという噂が流れていた。

広島は過去に、川口和久、江藤智、金本知憲ら中軸を担ってきた選手がFA宣言をした場合、再契約はしないという方針を採っていた。資金力では他球団と勝負にならないのが現実であり、「去る者は追わず」というスタンスを貫いていた。

しかし、黒田は球団にとって特別な存在であった。もし黒田がFA宣言をしたとしても、広島は再契約して残留することを認めたのである。

それはファンも同じ思いだった。なんとかカープに残ってくれないものだろうか……。

シーズンの終了が近づいても黒田の去就は不確かなままだった。黒田自身、まだ自分の将来を決められないでいたのだ。

9回二死から登場した黒田は大歓声の中、試合を締めた。

そんな状況の中、10月16日に行われた中日との本拠地最終戦。この試合が、カープのユニフォームを着る黒田の〝見納め〟となる可能性もあった。そしてこの日、外野スタンドにカープファンの思いが込められた巨大な横断幕が掲げられた。

その横断幕は黒田へのメッセージでありながら、どこか一編の詩のようでもあった。

我々は共に闘って来た
今までもこれからも…
未来へ輝くその日まで
君が涙を流すなら
君の涙になってやる
Carpのエース　黒田博樹

黒田はしっかりと横断幕のメッセージを受け止め、それは去就の決断にも大きな影響を及ぼした。

「マウンドに上がる前から気づいていました。大きく心を揺さぶられたのは確かです。この横断幕を見てしまったら、この市民球場で、こんなに熱いカープファンの前で投げることなんてできない、と思いましたから」

そして、試合はカープが2点リードして9回裏を迎える。広島のリーグ5位はすでに決まっており、この日はいわゆる消化試合だ。守護神の永川勝浩が2アウトを取る。あと1アウト……。しかし、この場面で広島のマーティ・ブラウン監督は、黒田の登板を主審に告げたのである。

投手交代の場内アナウンスが流れると、広島市民球場に集まったファンからは大歓声が巻き起こった。

声援に後押しされて、ブルペンカーで黒田がマウンドに上がる。この場面、黒田には強い思いがあった。

「なんとしても三振を取りたかったんです」

相手打者を追い込むと、持ち球のフォークで三振に切って取った。

これが黒田のプロ生活において、初めてのセーブ記録となった。この時点では、来季にどのチームのユニフォームを着ているのかは、まだ確定していなかった。

黒田の心に刻まれた ファン、球団との絆

シーズンオフに入ると、マスコミの間では、黒田の故郷は大阪だから阪神への移籍が有力ではないか、いやいや資金力に勝る巨人だろう……といった情報が飛び交った。

しかし、黒田の中で選択肢は二つしかなかった。

「メジャーか、それともカープに残るか。そのどちらかしかありませんでしたし、日本の他の球団で投げるなんて想像もできませんでした」

広島市民球場での最後の登板からおよそ1カ月後、最終的に黒田はカープに残る決断を下す。とりあえずもう1年カープで投げよう。その後のことは、また2007年になってからあらためて考えればいい。そう決めたのである。

残留を願うファンの寄せ書きを手に、2007年も広島に残ることを表明した。

「カープのファンと一体になって戦ってみたい。決断するにあたって、最後はそのことが大きかったです」

会見で広島への残留を表明し、ホッとした表情の黒田はそう語った。やはり、あの横断幕のメッセージが響いていたのである。

実はこの時期、黒田の父である一博さんは、がんと闘っていた。すでに母親を失っていた黒田は、病身の父を広島に呼び、看病にあたっていた。それもまた、広島に残る理由のひとつとなっていた。

翌2007年のシーズンも黒田は安定した投球を見せ、12勝をマークした。しかし、残念なことに、父の一博さんはシーズン中の8月に息を引き取っていた。

「息子の足を引っ張らないように気

他球団のユニフォームを着て このカープファンの前で 投げることなんてできない。

を利かせたのかもしれませんね」
と黒田は言う。

日本で納得のいく仕事ができたと感じた黒田は、シーズン終了後にFA宣言し、メジャーリーグに挑戦する決意を固める。複数の球団が食指を動かす中で、選んだのはロサンゼルス・ドジャースだった。

広島も、黒田も、そしてファンもまた、一様に納得したうえでの移籍となった。

そして今も、黒田はあの日掲げられた横断幕が忘れられないという。

「こう言っては僭越《せんえつ》かもしれませんが、今はいろいろな選手に向けて横断幕のメッセージが出るようになりましたが、当時はまだそれほど一般的ではなかったと記憶しています。あのメッセージは単なる儀礼的なものではなく、ファンの方が本心で書いてくれて、その思いが僕に伝わったのだと思います」

あの横断幕のメッセージは、2007年も広島に残ってプレーする決断をさせただけでなく、2015年に再び広島へ帰ってくる伏線になったのかもしれない。

本拠地最終戦を勝利で飾り、ファンの声援に応える黒田。この日にファンから受け取ったメッセージが、「最後はカープで引退したい」という想いへとつながっていった。

黒田博樹クロニクル 1

上宮高→専修大→広島東洋カープ

～2007

控え投手だった未完の高校時代

大阪の名門・上宮高校では３年間控え投手に終わるも、厳しい練習に耐え抜き、地道に投手としての土台を作り上げた。

大きな飛躍を遂げた大学時代

専修大学時代に投手として覚醒。３年時には東都大学一部への昇格に貢献。広島東洋カープのドラフト逆指名２位となる。

プロ入り５年目で初の二桁勝利

入団１年目から先発ローテーションに入るもケガなどで伸び悩む。2001 年に 12 勝を挙げて初の二桁勝利を達成した。

プロ通算100勝を達成！

2007 年７月 14 日、巨人戦で完投勝利を飾り、通算 100 勝を達成。同年 10 月に FA 宣言し、メジャーリーグ挑戦を表明。

最多勝のタイトルを獲得

2005 年には 15 勝を挙げ、セ・リーグ最多勝のタイトルを獲得。同年にホームラン王となった新井貴浩とともに会見で笑顔。

Rubio's
FRESH
ASHFORD UNIVERSITY
ONLINE EDUCATION MADE AFFORDABLE
COX High Definition Cable
KURODA
18
Carl's Jr.

黒田博樹
メジャー上陸

4

The Best 10 games

MLB National League
2008年4月4日 ペトコ・パーク

ドジャース **7 - 1** パドレス

ドジャース	000100600	7
パドレス	000001000	1

勝 黒田 敗 サッチャー

黒田博樹がメジャーに行くにあたって感じていたのは、憧れや夢といったものではなかった。

「ひとつ上のレベルの野球があるならば、そこで野球をやってみたい。それがあるのがアメリカなんだ」

もしも、日本のプロ野球よりレベルの高いところがアメリカ以外にあったとしたなら、きっとそこに行っていただろう。アメリカへの憧れではなく、自分の力を試したい欲求が抑えきれなくなったのだ。

2006年のオフに出した結論は広島残留。しかし、1年が経過して状況は変わっていた。2007年のシーズンオフ、今度はフリーエージェント権を行使してメジャーリーグの球団と入団交渉を始めた。球団を決めるにあたっては、さまざまな条件を考慮。家族も帯同することから生活面も重視して、最後はロサンゼルス・ドジャースとの契約を選んだ。

常識では考えられない契約年数短縮の申し出

当初、ドジャースが提示してきたのは4年契約だったが、黒田はあえて3年契約を求めた。この申し出には、関係者全員が驚いた。できるだけ長い契約を求めるのがメジャーリーグの常識となっていたから、エージェントに話を聞いたドジャースの関係者はまともに取り合わなかった。

「そんな冗談、いい加減にしてくれないか」

メジャー初登板とは思えない安定した投球でパドレス打線を封じ込み、序盤を無失点に抑えた黒田。息の合うところを見せた捕手のラッセル・マーティンとは、のちにヤンキースでもバッテリーを組むことになる。

ところが、黒田は本気だった。

「4年にしてしまうとかえって先が見えなくなってしまう。3年なら耐えられる」

レベルが高いリーグに挑むこと、それは黒田にとって楽しみでもなんでもなかった。渡米前から、

「きっとメジャーリーグは自分にとって苦行の舞台になるんだろうな」

と思い込んでいた。言葉も通じない慣れない場所で、ひとつ上のレベルで野球をしなければならない。その挑戦は楽しみなどとは程遠く、苦しい時間に他ならない。

3年間なら苦しくてもなんとか野球ができるだろう——。そう考えた末の契約期間短縮の申し出だった。

それに3年間しっかりと結果を残せば、同等かそれ以上の金額で4年目も契約を結べるはずだとも思っていた（その黒田の思いは3年が経つと現実のものとなる）。

しかし、そうは言いながらもメジャーでどこまで通用するかは未知数。さらに、キャンプインからシーズンにかけての調整法についても、黒田には不安があった。

「いくら日本で実績を残したからといって、メジャーで1球も投げたことのない投手が、何億ものお金を払ってもらっていいのだろうか?」

　人間なら、高い評価をもらえれば誰もが嬉しいはずだ。しかし、メジャーに来たばかりの黒田にとって、それは不安要素でしかなかったのである。黒田のエージェントであるスティーブ・ヒラード氏は、そんな黒田の言葉を聞いて、

「なんという人だ。こんな謙虚なプロアスリートが地球上に本当にいるのか!?」

と驚きを隠さなかった。

　そんな黒田が不安を払拭するためには、メジャーのマウンドに上がり、評価に見合う結果を残すしか道はなかった。

上々のスタートを切った黒田のメジャー挑戦

　シーズン開幕を迎え、黒田は先発ローテーションの4番手を任されることになった。

　そして2008年4月4日、ついに初先発の日がやって来た。ペトコ・パークで行われたサンディエゴ・パドレス戦である。それまでドジャースはサンフランシスコ・ジャイアンツを相手に2勝1敗。上々のスタートを切っていた(第2戦の勝利投手は斎藤隆、敗戦投手は藪恵壹という二人の日本人投手だった)。

　1回裏、黒田がマウンドに上がって最初に対戦したのはジャイルズ。ボールが先行したものの、3球目をボテボテの三塁ゴロに打ち取り、1アウト。そして次に迎えたのは井口資仁である。黒田はストライクを先行させ、1ボール2ストライクから、井口を空振りの三振に切って取った。これがメジャー初奪三振。その相手は同級生の井口だったのである。黒田は続く3番のクーズマノフも三塁ゴロに打ち取り、メジャー初マウンドで無難な立ち上がりを見せた。

6回裏、ジャイルズにホームランを打たれて同点となるも、動揺することなく後続を抑えた。

　黒田は2回も三者凡退。3回には順調に二死を取ったあと、パドレスの投手、ジャーマノに右中間にヒットを打たれたが、1番のジャイルズを抑えて事なきを得た。

　試合が動いたのは4回表だった。ドジャースはこの回先頭のローニーがヒットで出塁すると、次のケントの三塁ゴロが送球エラーを誘い、無死一、三塁。ここでイーシアーが犠牲フライを放ち、ドジャースが先制に成功する。

　1点をプレゼントされた黒田はその後も快調。4回裏は井口、クーズマノフ、ゴンザレスをすべて内野ゴロに打ち取る。後年、黒田はツーシームを駆使して内野ゴロの山を築くことになるが、この時からその萌芽は見受けられた。

　その後、5回も三者凡退、6回も順調に二死を奪った黒田だったが、3巡目を迎えた1番のジャイルズに2ボールからストライクを取りにいった球をライトスタンドに運ばれ、1対1の同点とされてしまった。しかし、黒田は引きずることはなく、後続の井口を抑える。

勝負が決まったのは7回だった。一死一塁で黒田の打順。ここでドジャースのジョー・トーリ監督は代打を送ることなく、黒田をそのまま打席に立たせた。トーリは、ここまでの黒田の投球に敬意を表し、続投を決めたのだ。

黒田は送りバントの体勢を取っていたが、相手投手サッチャーの制球が定まらない。黒田は冷静に四球を選んでチャンスを広げると、ドジャース打線が爆発。一気に6点を奪って試合をほぼ決定づけた。

3点目のホームを踏んだ黒田はそのまま7回裏のマウンドに上がり、3番クーズマノフをセンターフライ、4番のゴンザレスをショートゴロ、5番のアストンにはレフト前ヒットを許したものの、6番のグリーンはセンターフライに抑えた。

ここで黒田はお役御免となったが、後を受けたビリングズリーが8回、9回をピシャリと抑え、黒田はメジャー初登板を初勝利で飾った。

この日の投球を振り返ってみると、黒田は7回を1失点に抑え、球数はわずか77球、ヒット3本（うち本塁

ネクストサークルで集中力を高める黒田。7回表の打席では四球を選んでチャンスを広げ、ドジャースの勝ち越しに貢献した。

打1本）、無四球という素晴らしい内容の投球を見せた。

ジョー・トーリ監督は、

「黒田は安心してマウンドを任せられる投球を見せてくれた」

と信頼を寄せるコメントを残した。

当の黒田本人は、

「最初の登板でなんとかゲームを作ることができて、良かったです」

と胸をなでおろした。

実はこのあと、2勝目を挙げるのは5月21日のレッズ戦まで待たなければならなかったのだが、黒田はルーキーシーズンをこう振り返る。

「初めての登板で勝てたのは良かったのですが、中4日のローテーションを続けていくと、だんだんしんどくなっていくのが自覚できました。夏場は、けっこう体力的に消耗した記憶があります」

黒田がメジャーで成功した裏には、日本で築き上げたスタイルを捨て去る柔軟性があった。さまざま葛藤を抱えながらも、シーズン中はあまり体に負担をかけることなく、体調を整えてマウンドに向かう調整術を体得していったのである。

メジャーデビュー戦で勝ち投手となった黒田。ユニフォームの色は赤から青に変わっても、力強い投球フォームはまったく変わっていなかった。

LA
18

仲間を守ったサムライの1球

メジャーリーグで成功するためには、仲間に実力を認めてもらわなければならない。

日本のプロ野球は、「年功序列社会」だ。たとえば、高校を卒業してプロ入り4年目の22歳の選手が、不動のレギュラーになっていたとする。そこへ大学を出たばかりの23歳の選手が入団してきたとしよう。果たしてどちらが先輩だろうか？

この場合、日本では大卒の23歳の選手のほうが年上なので、22歳の実績のある選手が、新人の大卒選手に対して敬語で話をすることになる。

一方、メジャーリーグでは事情が違う。メジャーで何年間プレーしているかが序列の基準になる。年齢なんて関係ない。経験がすべてなのだ。

２００８年、黒田がロサンゼルス・ドジャースに入団してからは、すべてがリセットされた。年俸がいくら高くても、ルーキーはルーキー。黒

The Best **10** games

5

MLB National League Championship Series Game3
2008年10月12日 ドジャー・スタジアム

ドジャース **7-2** フィリーズ

フィリーズ	010000100	2
ドジャース	51010000×	7

勝 黒田 敗 モイヤー

田は仕事でチームメイトの尊敬を勝ち得なければならない立場にいた。

黒田が背負わされた前戦で生じた遺恨

メジャー1年目のシーズン、黒田は183回1／3を投げ、9勝10敗の成績を残した。チームは84勝をあげて地区優勝。ディビジョンシリーズでは、シーズン97勝をマークして優勝候補の本命と見られていたシカゴ・カブスを下した。このシリーズで黒田は第3戦に先発。相手打線を1点に抑え、ディビジョンシリーズの勝利を決めた。

シーズンの終盤、そしてポストシーズンを迎えて、黒田の信頼度は高まりつつあった。

そんな中で迎えたフィラデルフィア・フィリーズとのリーグ・チャンピオンシップシリーズは、不穏な空気に包まれることになる。

第1戦、第2戦とフィリーズが地元で連勝したが、第2戦において、ドジャースの主砲、マニー・ラミレスがインコースの際どいところにボールを投げられた場面があった。

この場合、メジャーリーグの「書かれざるルール」では、ドジャースの投手が同じような際どいボールを投げなければならない。それは単なる報復ではなく、チームメイトを守るという意思表示なのだ。

しかし、ドジャースのその日の先発、ビリングズリーは大人しいボールしか投げなかった。この結果、ロサンゼルスのメディアはビリングズリーを激しく非難した。仲間を守るつもりがないのか、と。

これは、日本の野球には存在しない感覚だ。そもそも危険な球を投げることが投手にはない（アメリカではリトルリーグから、そのマインドだけは仕込まれる）。ビリングズリーは投手として取るべき責任を回避した

黒田がビクトリーノに投じた危険球をきっかけに両軍が揉み合いに。

ことで、メディアからの集中砲火を浴びたのである。

そしてその責任は、黒田に転嫁されることになった。

味方の信頼を勝ち取った敵軍への逆襲の1球

舞台をロサンゼルスに移しての第3戦。黒田は1回表にフィリーズの中心選手の一人、アトリーに対して真ん中高めのストレートを投げた。捕手のマーティンが取り損ねるほどのボールだったが、これで事は収まらなかった。

そしてその裏、今度はドジャースの捕手、ラッセル・マーティンがデッドボールを食らった。さすがにドジャー・スタジアムは騒然とした。

「ドジャースはやられっぱなしじゃないか！」

観客席ばかりでなく、当事者である選手たちが戦況を見守るダグアウトも殺気立ち、テレビカメラには第2戦の先発だったビリングズリーが映し出されていた。

それでも、マーティンの死球をきっかけに火がついたドジャース打線は1回裏に5点を奪い、試合を有利に運ぶことに成功した。黒田にとってこの援護点は、最高のプレゼントになった。

しかし、試合は簡単には進まない。

3回表、黒田は代打のジェンキンス、1番のロリンズを打ち取り、2番のビクトリーノを打席に迎えた。

乱闘騒ぎの後もペースを崩さず好投した黒田。

初球、黒田の投じた球はビクトリーノのヘルメットの後ろを通過した。

これにビクトリーノが怒りを露わにした。ヘルメットを指さした後に、体を指差していた。正確になんと言ったかは分からないが、

「頭はやめろ。ボディにしとけよ」

そのようなメッセージを黒田に向かって発していた。そんなビクトリーノの態度にドジャー・スタジアムのファンは一斉にブーイングを送る。捕手のマーティンとビクトリーノが何か話をしていたが、これで両軍の緊張度はさらに高まった。

次に黒田が投じたのは切れ味の鋭いスライダー。ビクトリーノが大きく空振りすると、ドジャー・スタジアムが大いに沸いた。興奮の度合いは頂点に達していたと言ってよい。

そして3球目——。黒田はビクトリーノを一塁ゴロに仕留めた。

その時、ベースカバーに走っていった黒田に対して、ビクトリーノがひと言、二言、何かを言った。後日に黒田は、

「なんと言ったかよく分からなかったので、『はぁ?』と日本語で答えました」

とそこでの様子を明かしている。

しかし、この言葉の応酬を見た両軍の選手たちがダグアウトから飛び出てきた。もちろん、リリーフ投手陣もブルペンから駆けつけてきた。すでに火種は撒かれており、黒田とビクトリーノのやり取りをきっかけに、一気に爆発した形となった。

黒田とビクトリーノはすぐに引き離されたが、第2戦で挑発されたラミレスは黙っていない。かなり興奮してフィリーズの選手に向かっていく。どうにか揉み合いは収まったものの、禍根を残す結果となった。

それでも、黒田は集中していた。2回に1点を許したものの、6回まで追加点を与えなかった。7回表、上位打線に3連打を浴び、2点目を

闘志あふれる投球でチームを救った黒田。スタジアムのファンもチームメイトも、マウンドを降りるルーキーに敬意を表した。

与えたところで、黒田はリリーフ陣にマウンドを譲ったが、ダグアウトに戻る時には、スタジアムを埋めた観客から大きな拍手を送られた。ドジャースのファンが、黒田に対して敬意を表した瞬間だった。

試合はドジャースが7対2で勝利を収め、黒田は勝ち投手となったが、続く第4戦、第5戦でフィリーズが連勝し、ワールドシリーズへと駒を進めた。黒田の登板をもう一度見たかったが、それは実現しなかった。

しかし、この試合で黒田が与えたインパクトは、ファンだけでなく、チーム内にも大きく広がった。同じ先発投手のデレク・ロウは、

「ヒロ、君がドジャースのローテーションの中でトップの投手だ」

と黒田に声を掛けてきたという。

黒田がビクトリーノに投じた1球は、ドジャースのチームメイトの気持ちを乗せたボールだったのである。

メジャーリーグ流の発想は、

「やられっぱなしでいいのか！」

というアグレッシブなものだ。その気持ちを日本からやってきたルーキーの黒田博樹が体現した。

この1球によって黒田は、ドジャースの面々からゆるぎない信頼と尊敬を集めたのだ。

翌2009年のシーズン開幕戦、ドジャースのジョー・トーリ監督は、黒田を開幕投手に指名した。

この決定は、黒田という投手に対する信頼の表れだったに違いない。

黒田博樹クロニクル2

ロサンゼルス・ドジャース

2008～2011

ロサンゼルス・ドジャースに入団

2007年12月、ドジャースと年俸総額3530万ドルで3年契約。背番号18のユニフォームが間に合わず借り物で会見。

メジャー流のキャンプで調整

投球数が制限されるなど日本とは大きく異なるメジャー流の調整スタイルを受け入れ、キャンプで汗を流す。

プロで初めての優勝を経験

ドジャース1年目の2008年、ナ・リーグ西地区を制して念願だった優勝を経験。翌2009年も連覇を果たした。

広島時代の同僚ソリアーノと再会

1997年に広島で一緒にプロ1年目を過ごしたアルフォンソ・ソリアーノ（当時カブス）とアメリカで再会。

メジャー恒例行事 新人仮装の洗礼

メジャー1年目のルーキーが、試合後のロッカーに用意された奇抜な衣装で仮装する恒例行事。ド派手な自分の姿を見て思わず吹き出す。

打球が頭部を直撃 病院へ緊急搬送

2009年8月15日のダイヤモンドバックス戦で頭部に打球が直撃。病院へ搬送されて故障者リストに入るも、翌月に復帰を果たした。

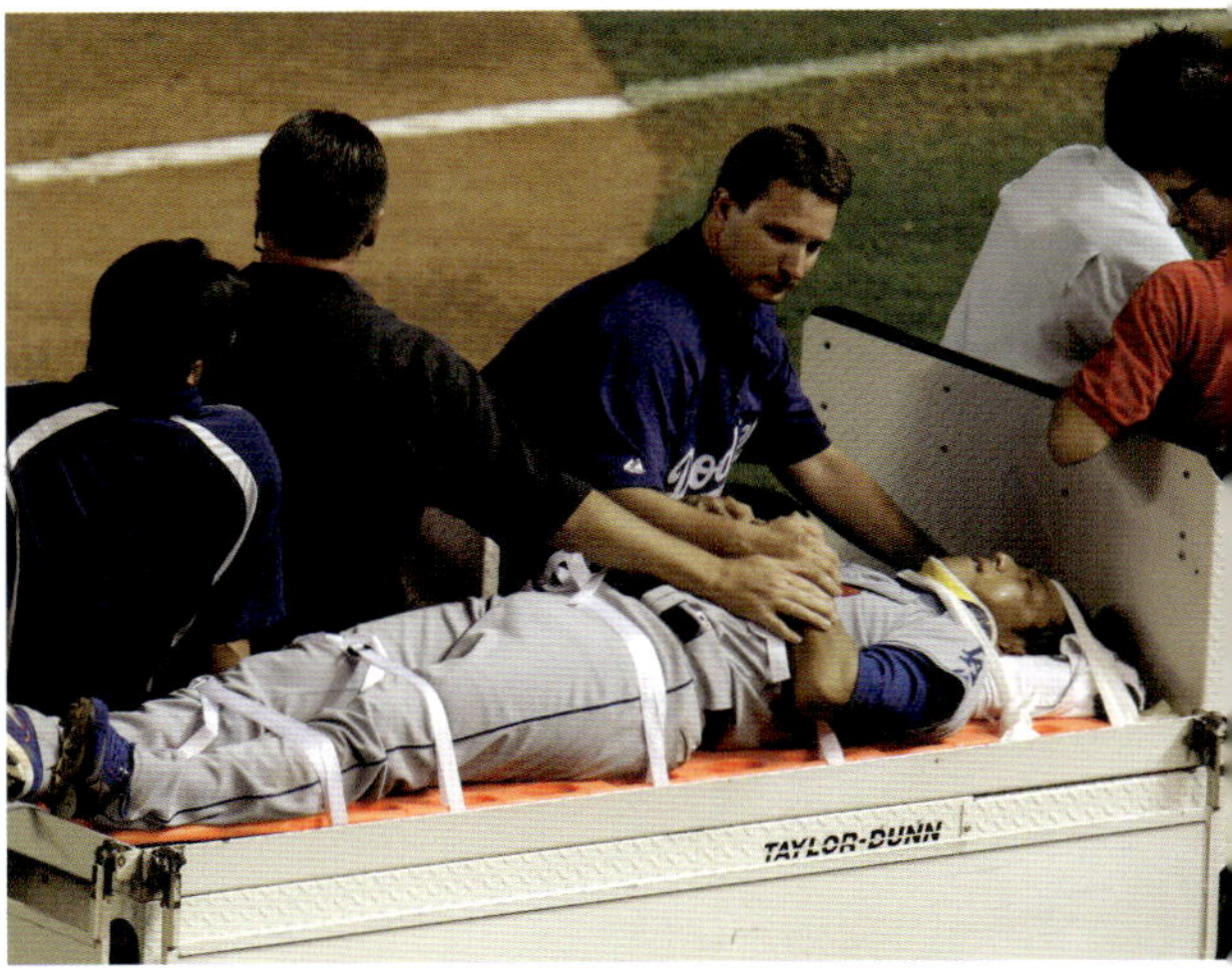

讃えられた敗戦
決死の「中3日」

6

The Best 10 games

MLB American League
Championship Series Game2
2012年10月14日 ヤンキー・スタジアム

ヤンキース **0-3** タイガース

タイガース	000000120	3
ヤンキース	000000000	0

勝 サンチェス　S コーク　敗 黒田

２０１２年、黒田博樹は新天地にやってきた。メジャーリーグの長い歴史の中で最も伝説に彩られたチーム、ニューヨーク・ヤンキースのユニフォームを着ることになったのだ。

シーズン前、フロリダ州タンパにあるスプリングトレーニングで、黒田は「ヤンキース・ウェイ」を学んでいた。チームメイトへの信頼、ディシプリン、自らを厳しく律すること等々。他球団とは違う名門としてのプライドが、そこにはあった。

練習が終わったある午後、黒田は春の期間だけ住む家でくつろいでいた。庭はそのまま内湾に面しており、気が向けば、麦藁帽をかぶりながら、のんびりと釣り糸を垂らしていた。

そんな時間を持てたことは有意義だったが、春の段階からプレッシャーは高まりつつあった。

懐疑的な声を覆し 結果で実力を証明

アメリカン・リーグ東地区はボストン・レッドソックスやタンパベイ・レイズ、ボルチモア・オリオールズなどがしのぎを削っており、メジャーリーグ6地区の中でも最もレベルが高いと言われていた。

春先のオープン戦で黒田が東地区のチームに打ち込まれると、メディアはこう書き立てた。

「アメリカン・リーグ東地区へようこそ」

黒田がプレーしてきたナショナル・リーグ西地区はファウルグラウンドが広く、投手優位の球場が多い。記者たちの多くが、

「黒田はドジャース時代ほど活躍できないのではないか?」

と最初から懐疑的だったのだ。その見出しを目にした時、黒田は、

「ここでは、周りはみんな敵だ」

と感じたという。

こうして常にも増して緊張感をもったシーズンが始まった。

黒田は5月まで4勝6敗と勝ち星に恵まれなかったが、6月に4勝を挙げ、前半戦終了時には8勝7敗にまで持ち直した。7月18日のブルージェイズ戦、8月14日のレンジャーズ戦では完封勝利を収め、辛口のメディアを黙らせる好投を披露。

さらに圧巻だったのは、ポストシーズン進出に向けた9月、10月の活躍である。黒田はこの期間、4勝1敗の成績を残し、ヤンキースの地区優勝に大きく貢献した。

レギュラーシーズンが終わってみると、黒田は先発として一度も登板を回避することなくローテーションを守り続け、33試合を投げ抜いた。投球回数は219回2/3にまで達し、これはヤンキース先発陣の中で最多投球回数となった。

最終成績は16勝11敗、防御率は3・32。ア・リーグ東地区でも黒田はその実力を証明したのだ。

ヤンキースが求める ポストシーズンでの活躍

しかし、ニューヨーク・ヤンキースというチームは、ポストシーズンからが「本番」である。

スプリングトレーニングの合流初日、ジラルディ監督がスピーチし、話の流れの中で、2009年のワールドシリーズで松井秀喜が大活躍した映像がビジョンに映し出された。ジラルディ監督は、

「(松井は)シーズン中は決して調子が良かったわけではないが、ワールドシリーズの大事な場面で彼は仕事をした。だからこそ、みんなが同じような役割を果たすことができるはずなんだ」

と選手たちに言い聞かせた。

ポストシーズン、特にワールドシリーズでこそ、最大限の力を発揮する。ヤンキースというチームでは、最もそれが求められる。黒田もその期待に応えるつもりだった。

9回途中まで投げたオリオールズ戦の4日後、異例の中3日でタイガース戦のマウンドに立った黒田。

2012年のメジャーリーグにおいて、先発投手が中3日の登板間隔でマウンドに立ったのは、この試合の黒田だけだった。

黒田のポストシーズン最初の登板となったのは、10月10日のヤンキー・スタジアム。ボルチモア・オリオールズとの間で戦われるディビジョンシリーズ第3戦だった。

黒田は9回一死まで投げて2失点の好投。試合は1点差を追う9回裏、ヤンキースが2対2の同点に追いつく。そして延長12回裏、ラウル・イバニエスのサヨナラホームランでヤンキースが勝利を収めた。

続く第4戦は延長戦の末にオリオールズが勝利するも、最終戦でヤンキースが競り勝ち、デトロイト・タイガースとのリーグ・チャンピオンシップシリーズに駒を進めた。

しかし、ヤンキースはディビジョンシリーズで5試合を戦ったことにより、先発投手陣の台所事情が苦しくなっていた。

もしも、オリオールズを第4戦で退けていれば、タイガースとのシリーズ第1戦にエースのCC・サバシアを投入し、第2戦に大ベテランのアンディ・ペティット、そして第3戦には中5日で黒田というローテーションを組むことが可能だった。

ところが負ければ敗退となる第5戦にサバシアを先発させ、総力戦で戦った結果、翌日から始まるこのシリーズでは、第1戦をペティットに任せ、第2戦には異例の中3日で黒田を投入せざるを得ない状況になっていたのだ。

指揮官の信頼に応える圧巻のピッチング

そして迎えた第1戦。4点差を追うヤンキースが9回裏にイチロー、イバニエスの2本のホームランで追いつき、驚異の粘りを見せるも、延長12回にタイガースに勝ち越され、先勝を許した。

初戦に敗れたことで、第2戦を任された黒田にかかる責任は、より大きなものになっていた。

前回登板の疲れが残っているはずの黒田は絶好調だった。初回に2三振。2回には三者連続三振。

3回も2三振。なんと3回までに7個の三振を奪う圧巻のパーフェクトピッチングを見せたのだ。黒田が三振を取るたび、ヤンキースのファンは大いに沸いた。

4回は1番から始まる好打順だったが、ジャクソン、ベリー、カブレラの3人をテンポよく内野ゴロに仕留め、依然パーフェクト。5回もフィルダー、ヤング、ダークスをこれまた三者凡退に。しかし味方の援護がなく、1点も与えられない状況が続く。6回に先頭のペラルタに初ヒットを許したものの、崩れることなく後続をピシャリと抑えた。

7回に進み、打順が3巡目に入ると、黒田がタイガース打線に捕らえられる。2番ベリーがエンタイトルツーベースで出塁すると、続くカブレラがライト前ヒットで続き、無死一、三塁のピンチに。ここから4番フィルダーを三振に仕留め、5番ヤングもショートゴロに打ち取るも、ゲッツー崩れの間に先取点となる1点を献上してしまった。

そして8回、黒田は簡単に2アウトを取ったが、そこから連打を許し、マウンドをリリーフ陣に譲った。

結果を見れば7回2／3で103球、11奪三振の好投だった。黒田は中3日という厳しい条件の中で、最高の投球を披露したと言っていい。

中３日でも先発の役目を果たし、８回途中まで投げ抜いた黒田。リードを許した状況での降板となったが、観客はその投球を称えた。

しかし、黒田からマウンドを託されたリリーフのブーン・ローガン、ジョバ・チェンバレンが打ち込まれ、スコアは3対0と開いてしまった。

こうなると打線の奮起に期待しなければならないが、この日は最後まで打線が沈黙。試合はこのままタイガースの勝利となった。

試合後、ジラルディ監督は、

「黒田は中3日で素晴らしい投球を見せてくれた。賞賛に値する」

と黒田の投球を絶賛した。

振り返ってみれば、2012年の黒田博樹はキャリアの絶頂にあったのかもしれない。9月、10月と調子を上げ、ヤンキースの大黒柱として素晴らしい投球を見せた。

残念なのは、この10月14日の登板が、2012年最後の登板になってしまったことだ。ヤンキース打線は第3戦以降も抵抗らしい抵抗を見せることができず、このシリーズ4連敗。俗に言う「スウィープ」でタイガースの前に敗れ去った。

しかし、中3日で骨太の投球を見せた黒田は、ニューヨークでの評価を確固たるものにしたのである。

黒田とカーショー

黒田博樹がドジャースに入団した２００８年、マイナーからメジャーへの昇格を狙う二十歳の若者がいた。サウスポーで名前をクレイトン・カーショーといった。メジャー１年目のルーキーだった黒田とカーショーは、キャンプからキャッチボールのパートナーとなり、言葉の壁を越えて友人となった。二人は揃ってローテーションに入り、黒田は9勝、カーショーは5勝を挙げた。

以後、二人はチームにとって欠かせない存在となり、３年目の２０１０年には黒田が11勝、カーショーが13勝と、ともに二桁勝利を達成した。

翌２０１１年も二人はローテーションの柱として活躍し、シーズン最終戦を終えた。試合後の投手ミーティングでのこと。コーチ陣の話がひと

ヤンキースのユニフォームを着て、ドジャー・スタジアムに帰ってきた黒田。それを迎え撃ったのは、キャッチボールパートナーとして友情を築いたカーショーだった。運命のいたずらで、二人の最初で最後の直接対決が実現した。

The Best 10 games 7

MLB INTERLEAGUE PLAY
2013年7月31日 ドジャー・スタジアム

ヤンキース 3-0 ドジャース

ヤンキース	000000003	3
ドジャース	000000000	0

勝 ローガン　S リベラ　敗 ベリサリオ

運命の邂逅

通り終わった後、カーショーが発言を求めて話しはじめた。

「来シーズンも、ヒロにはチームに戻ってきてほしいと思うんだ」

これはドジャースとの契約が切れる黒田に向けたメッセージだった。カーショーの意見にみんなが同意を示した。コーチから黒田に「ヒロからも何かひと言」と促されたが、黒田は何も話せなかった。

「言葉にしたら泣いてしまいそうだったので、やめておきました」

その数日前にはこんなこともあった。黒田のシーズン最後の登板日、カーショーはいつものようにキャッチボールの相手を買って出たが、この日は事情が違っていた。

カーショーはすでに最後の先発登板を終えており、肩を消耗品と考えるメジャーリーグではキャッチボールも禁止されていたのである。案

の定、投手コーチはすぐに止めようとしたが、カーショーは黒田とのキャッチボールを続けた。

「だってヒロのキャッチボールの相手は僕なんだから」

黒田とキャッチボールをするのはこの日が最後になるかもしれないと、カーショーも分かっていたのだ。

細面の若者は、この年21勝を挙げ、サイ・ヤング賞を受賞するまでの投手になっていた。

お互いを認め合う盟友と最初で最後の対決

フリーエージェントになった黒田は、移籍先となる球団を選ぶ際、ひとつ気になっていたことがあった。

「カーショーとは投げ合いたくないから、ナショナル・リーグのチームは避けたいな」

それほどカーショーとの友情は大きくなっていた。そして黒田が選んだのはアメリカン・リーグのニューヨーク・ヤンキース。これで「黒田対カーショー」のマッチアップが実現する可能性は極めて低くなったはずだったのだが……。


運命は再び二人を結びつけた。

2013年7月31日、ドジャー・スタジアムでのインターリーグ、ドジャース対ヤンキース戦において、二人の直接対決が実現することになったのである。

この時点ですでにカーショー、黒田ともに10勝を挙げ、両リーグを代表する投手となっていた。ファンはこの顔合わせに興奮を隠しきれず、カーショーも「僕にとってのドリームマッチ」と語った。

ドジャース時代の４年間、黒田（左）のキャッチボールパートナーを務めたカーショー（右）。メジャー１年目のルーキーとして出会った二人は、ともにリーグを代表する投手へと飛躍を遂げた。

しかし、黒田の心は複雑だった。

「できれば、カーショーとだけは投げ合いたくなかったのが本音ですが、こんなことってあるんだなと」

と素直な気持ちを吐露した。

試合はメジャーを代表する二人の素晴らしい投手戦となった。

黒田は6回まで古巣のドジャース打線を2安打に抑え、ピンチらしいピンチはなかった。それに対し、カーショーも見事な投球を見せ、ヤンキースに得点を許さない。

しかし、黒田は7回裏、アンドレ・イーシアー、A・J・エリスに連続ヒットを許し、二死一、二塁のピンチを迎える。カーショーの調子を考えると、1点も許されない状況だ。

ここで迎えた打者は、スキップ・シューメーカー。黒田はひるむことなく気迫のピッチングで追い込み、見事に空振り三振に切って取った。

この時、珍しく黒田は雄叫びを上げた。それだけこの試合に懸ける思いが強かったということだろう。

8回表に黒田には代打が送られ、黒田は古巣ドジャース相手に失点することなく、マウンドを降りた。一方のカーショーも8回表に二死一、二塁のピンチを迎えたが、ブレット・ガードナーをポップフライに打ち取り、この日の仕事を終えた。

黒田、カーショーともに譲らず無失点。8回裏にもドジャースは得点を挙げることができず、二人に勝ち負けはつかなかった。

黒田とカーショーが去った後、試合は一気に動く。ヤンキースは9回表、二死一、二塁からライル・オーバーベイのタイムリーヒットが出て均衡を破ったのだ。続くランス・ニックスの内野フライを二塁手のマーク・エリスが落球し、二者生還で3対0に。最後はヤンキースの守護神マリアーノ・リベラが締めて、ヤンキースが勝利した。

どちらのチームが勝つにせよ、黒田、カーショーの二人に勝敗がつかなかったのは、〝野球の神様がどこかで見ていたのか〟と思うようなシナリオだ。お互いを認め合う二人の投手に優劣をつけることなく、ともに最高のパフォーマンスを見せた。

また、印象的だったのは、ドジャー・スタジアムの観衆が黒田を温かく迎えたことだ。ドジャースのファンは決して優しくはない。しかし、2010年のシーズン途中、ポストシーズン進出が濃厚な他球団へ好条件で移籍できるトレードを拒否し、ドジャースに残る決断をした黒田のことを、ファンは忘れてはいなかった。

7回裏、ピンチを切り抜け、珍しく雄叫びを上げた黒田。

マウンドに上がると、ブーイングの代わりにスタンディング・オベーション。満場の拍手で黒田を迎えたのである。この日のドジャー・スタジアムは、二人のたった一度の投げ合いにふさわしい舞台だった。

試合後にカーショーは、黒田との対戦をこう振り返っている。

「未だにヒロのことをとても尊敬しているし、彼からは多くのことを学ばせてもらった。本当に感謝している。今日のヒロの投球を見れば分かるように、彼はアメリカン・リーグのベストピッチャーだ。チームが勝てなかったのも仕方がない」

それに対し、黒田はチームが勝ったことにホッとした様子だったが、この試合に期するところがあったことも言葉の端々にうかがわせた。

「お互いに勝ち負けはつかず引き分けでしたが、チームは勝ったので満足ですね。ピッチングを振り返ってみると、カーショーは素晴らしい投手ですから、今日はお互い『無言の意地の張り合い』というピッチングだったと思います。カーショー相手ですから、絶対に点を取られてはいけないと思っていたし、その意味では責任を果たせました」

このカーショーとの対決は、メジャーリーグにおける黒田のハイライトとも言うべき試合だった。

黒田とカーショーによる無言の意地の張り合いは、素晴らしい投球を生み、なおかつ誰も傷つかないストーリーで幕を閉じた。

二つの別れと幸せな結末

The Best 10 games

8

MLB American League
2014年9月25日 ヤンキー・スタジアム

ヤンキース 6-5 オリオールズ

オリオールズ	200000003	5
ヤンキース	200000301x	6

勝 ロバートソン 敗 ミーク

ベンチへ戻る黒田（左）に、ジーター（右）が好投を称えるグータッチ。この試合は、ジーターだけでなく、黒田にとっても特別な試合となった。

２０１４年、黒田博樹のシーズン最終登板となったのは、９月25日のヤンキー・スタジアム。この日が本拠地での最終戦でもあり、相手はボルチモア・オリオールズだった。

すでにこの時、39歳になっていた黒田は、「来年は本当にどこでプレーしているか、分からないな」と思っていた。ひょっとしたら、これがヤンキースのユニフォームで投げる最後の登板になるかもしれない――。そんな予感もどこかにあった。

そして、この日はチームのレジェンドであるデレク・ジーターが、ヤンキー・スタジアムでプレーする最後の試合でもあったのだ。伝統あるヤンキースの背番号「２」を背負ってきたジーターの引退。ニューヨークのファンが、ニューヨークでジーターのプレーを見るのは、この日が最後になる。まさに、すべての人の記憶に残る日になるはずだった。

黒田も思わず唸ったジーターの神通力

ところが、前夜からニューヨークの天候は雨模様。試合当日には大雨警報が出ていた。

9月25日、黒田が目を覚ますと、マンハッタンにはどしゃぶりの雨が降っていた。

「この様子じゃ、間違いなくプレーボールの時間は遅れるな。ひょっとしたら中止になるんじゃないか」

黒田はそう思った。先発投手は、試合開始の時間に向けて気持ちと身体を作っていく。黒田は球団関係者と連絡を取りながら球場入りの時間を遅らせた。ブロンクスの球場に到着しても、まだ雨は降り続き、試合前の練習も中止になった。

それでも黒田は、ジーターの本拠地ラストゲームだから、試合ができる可能性があれば、いくらでも待つだろう。よし、遅い時間に合わせて気持ちと身体を作っていこう——そう思っていた。ところが、

「プレーボールはオンタイム！」

とクラブハウスに連絡が入った。

えっ?……ついさっきまで雨が降っていたじゃないか。黒田は「マジか」と思いながら慌てて支度をしてブルペンに向かおうとした。そしてクラブハウスからグラウンドに出てみると、驚いたことに空は晴れ、虹まで出ていたのだ。

「やっぱり、ジーターは〝持ってるな〟」

そう思うと笑みがこぼれ、そこから一気に試合への集中力を高めた。

ブルペンでのウォームアップが終わると、黒田はこんなことを考えた。

〝ジーターの最後の試合だから、きっと何年にもわたって語り継がれる試合になるだろう〟

だからこそ黒田も、きっちりゲームを作りたいと思っていた。

ところが試合が始まってみると、調子が定まらない。オリオールズの1番、マーケイキスにいきなり先頭打者ホームランを打たれてしまった。さらに続く2番のデアーザにもホームラン。初回はその日の調子を確認しながらの投球になるため、打たれる試合も確かにある。

しかし、この日はジーターが引退する特別な日だ。当然、勝利を期待されている。相手のオリオールズを勢いづかせるようなことは、なんとしても避けなければならなかった。いきなり2点を献上し、黒田自身も「これはさすがにヤバいな」と思ったほどである。スタジアムの雰囲気もなにやら不安げになった。

それでも後続の打者を抑えると、1回裏には一塁にガードナーを置いて、ジーターが二塁打を放ち、いきなり打点をマークする。

ヤンキー・スタジアムの最後の試合でジーターが早くも仕事をしたのを見て、黒田は「さすがだな」と思った。スーパースターはこういうプレーをこともなげにする。その後、ワイルドピッチとエラーが絡み、早くもヤンキースは2対2の同点に追いつく。黒田は「(味方の)バッターに救われた」と感じた。

そこから黒田は素晴らしい投球を見せる。2回にはエラーでランナー

初回にいきなり失点する苦しい展開となり、表情にも焦りの色が浮かぶ。

を1人許したものの、3回から7回まで三者凡退に抑える。初回の不安定さが嘘のようだ。

　すると黒田の投球に応えるかのように、7回裏にヤンキースが3点を取り、5対2とリードした。こうなればヤンキースの勝ちパターンである。8回はベタンセスにつなぎ、9回にはクローザーのロバートソンが控えている。しかし、黒田は7回を終えた時点で、まだ80球しか投げていなかった。

最後まで主役を立てた黒田らしい去り際

　黒田の続投か、それともベタンセスにつなぐ勝利の方程式にこだわるのか。ダグアウトの黒田に、ロスチャイルド投手コーチが声を掛けた。

「今年1年間、故障もなくフルで投げてくれたのは君だけだ。本当にありがとう。今日は、もう一度マウンドに上がるかどうか、自分で決めてもらって構わないぞ」

　黒田の心の中では、7回までを投げ切り、チームが勝ち越したことで「もう十分かな」と感じていたが、ふと、こんな思いが湧いてきた。

「ひょっとしたら、これがヤンキー・スタジアムで投げる最後の機会になるかもしれない」

　3年間、プレッシャーのかかるこの街で、このチームでマウンドを守ってきた。ヤンキースのユニフォームを着て先発したのは、3年間で97試合。その間、一度も先発を飛ばしたことはなかった。

2回以降は立ち直り、見違えるような投球でオリオールズ打線を抑え込んだ。

〝投げたい〟

　黒田はそう思い、ロスチャイルドにこう話していた。

「もう1イニング行きます」

　8回、黒田の投球は冴えわたった。先頭のジョンソンを三球三振。続くパレデスも空振りの三振に切って取り、3人目のジョセフもフルカウントから捕邪飛に打ち取り三者凡退。わずか15球でこの回を終わらせた。球数はまだ95球。〝ひょっとしたら最終回も任せてもらえるかな〟という欲も出ていたが、そうは問屋が卸さない。ダグアウトに戻ると、ロスチャイルドから「ご苦労さん」と声を掛けられた。それだけでなく、ジラルディ監督からも、

「9回表にマウンドへ行って、ファンに挨拶する形にしたらどうだ？」

という提案までもらった。

今日はジーターの大切な日。僕の日ではない。

しかし、黒田の中には、スタンディングオベーションをもらうためだけにマウンドへ上がることを、潔しとしない気持ちがあった。

「今日はジーターにとって大切な日ですから、遠慮しておきます」

何かすでに異様な雰囲気がヤンキー・スタジアムに渦巻いているのを黒田も感じていたのだ。

ところが、9回に波乱が起きた。ロバートソンが打ち込まれて5対5の同点。試合は振り出しに戻ってしまった。これで黒田の勝ちは消えた。もしもこの試合で勝利投手となっていれば、メジャー通算で80勝79敗と勝ち越すことができていたはずだった。しかし、それも水泡に帰してしまった。

さらに驚くべきことが待っていたのは9回裏である。ヤンキースは一死二塁のサヨナラのチャンスを作り、打席に立ったのは、ジーターだった。ジーターはいきなり初球を叩くと、ボールはライト前に転がった。

ヤンキー・スタジアムの最後の試合でサヨナラヒット。こんな筋書きは誰も予想していなかった。黒田は、

〝ジーターならやるよな〟

と思い、歓喜の輪に加わった。

もしも、自分が9回もマウンドに上がっていたら、こんな劇的な結末にはならなかったんじゃないか。そんなことも思った。

デレク・ジーターがヤンキー・スタジアムでプレーした最後の試合として、永遠に記憶されるであろう2014年9月25日。その日はまた、メジャーリーグにおける黒田の最終戦でもあったのだ。

サヨナラヒットで歴史的一戦を締めたジーター。試合後には先発した黒田とお互いを称えた。黒田にとってもこの試合が最後のヤンキー・スタジアムとなった。

黒田博樹クロニクル3

ニューヨーク・ヤンキース

2012～2014

メジャー移籍のダルビッシュと遭遇

レンジャース戦の試合前、メジャー１年目のダルビッシュが挨拶に訪れる。2013 年には先発投手として直接対決が実現。

突然イチローがチームメイトに

2012 年７月 23 日、イチローがシーズン中の電撃トレードでヤンキースに移籍。チームメイトとなり大きな刺激を受けた。

田中将大と日本人ローテが実現

2014 年は同じヤンキースに入団した田中将大と先発ローテーションの柱に。メジャー１年目の後輩を公私でサポートした。

イチローと日本人対決

2012 年５月 11 日のマリナーズ戦で、「特別な存在」と語る１歳上の先輩イチローと対決。黒田がノーヒットに抑える。

激戦のア・リーグ東地区を制覇

ヤンキースに移籍して１年目の 2012 年、キャリアハイとなる 16 勝を挙げてア・リーグ東地区の優勝に大きく貢献。

レジェンドたちとキャンプイン

ヤンキース２年目のキャンプで、アンディ・ペティット(左端)やマリアノ・リベラ(左から２番目)らと汗を流す。

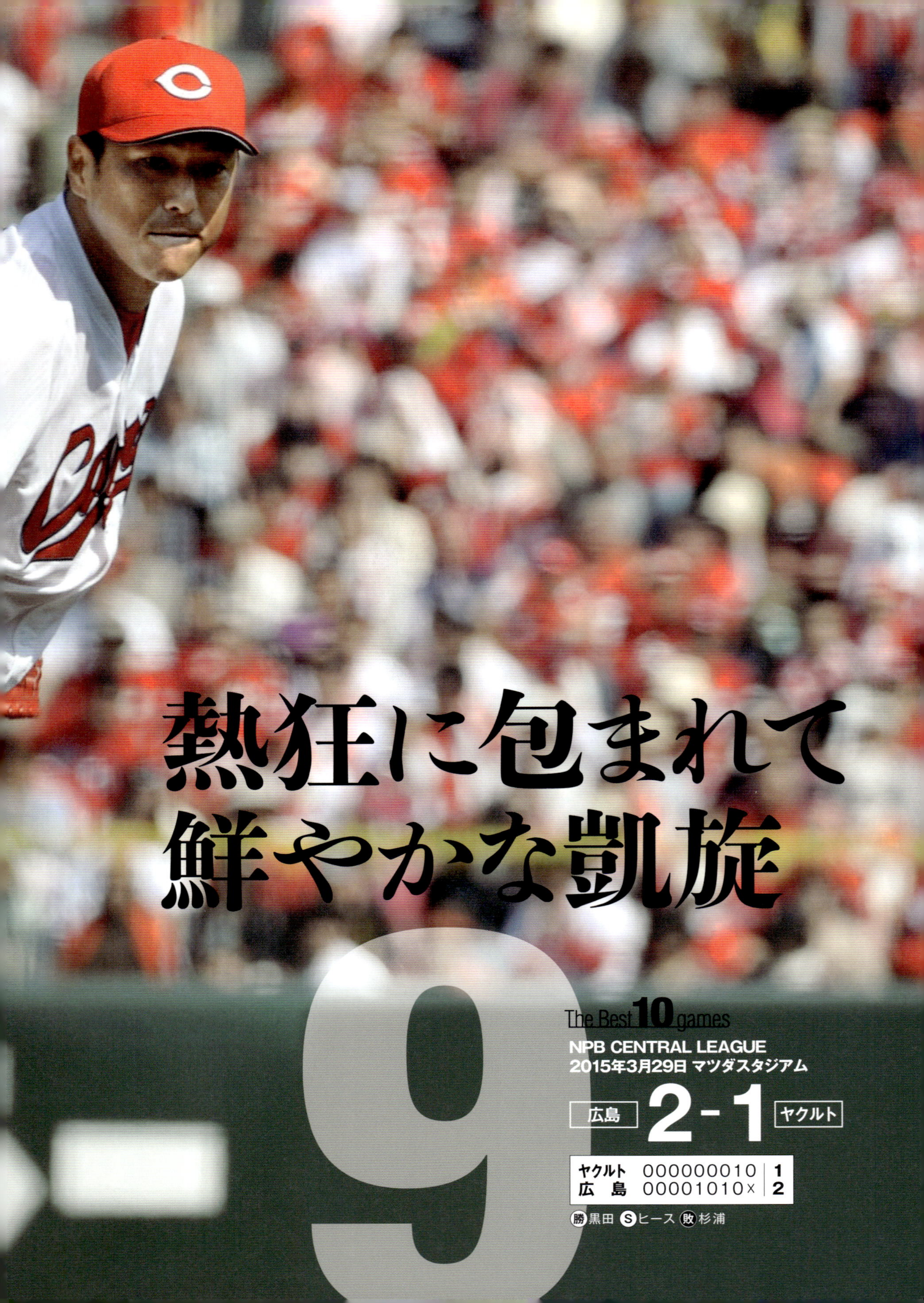

熱狂に包まれて鮮やかな凱旋

9

The Best 10 games

NPB CENTRAL LEAGUE
2015年3月29日 マツダスタジアム

広島 2-1 ヤクルト

ヤクルト	000000010	1
広　島	00001010×	2

勝 黒田 S ヒース 敗 杉浦

2015年3月29日、JR広島駅南口からマツダスタジアムへと向かう道は、赤、赤、赤（ときどき白）のユニフォームを着たファンの列が途切れることなく続いていた。

その中でも、背番号「15」をつけたファンは誇らしげだった。この日の主役は、もちろん8年ぶりにカープのユニフォームを着て登板する黒田博樹。球場へと続くファンの列は、黒田の凱旋をひと目見ようとする人たちの「巡礼」の列に見えた。

日本に帰ってきて最初の相手はヤクルトだった。午後1時、試合開始時刻が迫ると、一塁側ダグアウトから黒田博樹がマウンドに向かった。実に2740日ぶりとなる日本プロ野球公式戦の登板である。

この日の入場者は、3万1540人。超満員のスタンドから大声援が送られる。しかし、その声は熱狂的ではあったが、どこかしら「本当に黒田が帰ってきたんだ……」という現実が、にわかに信じられないといった空気感が含まれていた。また、そこには黒田への感謝の念も含まれていたのかもしれない。

ヤクルトはこのシーズン、強力打線を武器にセントラル・リーグを制することになるが、黒田はすでにオープン戦の時点で手合わせをしていた。

その時は4回1／3を投げてパーフェクトに抑える充実の内容であったが、決して警戒を怠ることはなかった。

「（ヤクルトの打線は）初球からどんどん積極的に打ってくるイメージ。こちらとしても初球から攻めてストライクを取っていきたいと思いますが、慎重になる部分も必要かなと」

このコメントひとつ取ってみても、メジャーの発想が息づいているのが分かった。「初球から攻める」。アメリカでは、投手が1球目からどんどんストライクを投げていくように若い時から指導されている。打者に対して、投手はアグレッシブに攻めていくのだ。

この日のマツダスタジアムには、黒田の凱旋登板を待ちわびていた超満員のファンが集結。対戦相手となるヤクルトのファンも含め、球場全体が歓迎ムードに包まれた。

メジャーリーグで磨いた打者との緻密な駆け引き

プレーボールの声が掛かり、最初に対峙する打者は、このシーズン、「トリプルスリー」を達成することになる山田哲人だった。セ・リーグで最も勢いのある打者をツーシームで打ち取ると、ミレッジにヒットを許すも初回を無失点に抑えた。

2回に入ると、先頭の畠山に二

塁打を打たれ、最初のピンチを迎える。この日、目立ったのは黒田の「老獪さ」だった。黒田は投球間隔が短い投手であり、メジャーリーグ時代もポンポンと投げるテンポの良さが、ドジャースやヤンキースの仲間たちからも好まれた。

しかし、この日は再三再四、マウンド周りを数歩歩いて間を取った。

「ヤクルトはアグレッシブに打つ打者が多いので、自分で間合いを置きながら打ち気をそらしたりするのは心掛けましたね」

配球やコントロールばかりが「投球術」ではない。相手打線が積極的ならば、「のれんに腕押し」させるかのように、力をふっと抜く。ベテラン黒田の投球は、実に味わい深かった。

打っては4回に二塁打を放ち、ファンを大いに喜ばせた（試合後、この打席について質問が飛ぶと、さすがに顔がほころんだ。「なんとかバットに当てようと思っていたんですが、当たりましたね（笑）」）。残念ながら得点には結びつかなかったものの、黒田のバットが打線の奮起を促したのは間違いなかった。

広島は5回に先制点を挙げて均衡を破る。しかし、黒田は5回以降もランナーを背負う投球が続いた。カウントを有利に運ぶはずのスライダーがキレを欠いていたのだ。

百戦錬磨の黒田といえども、久しぶりの広島のマウンドということもあったのか（黒田自身も試合後に「力みすぎているように感じました」と投球を振り返っている）、思うようにスライダーがコントロールできなかった。すると、中盤からはそのスライダーを見せ球にして、ツーシームやスプリットで勝負していった。オープン戦とは投球のパターンを変えたのである。

黒田がメジャーリーグで学んだのは、「その日の調子なりに、ピッチングを組み立てること」だった。

「マウンドに上がってみないことには、その日の調子は分からない。初回からいろいろな球種を確かめていって、しっくり来る球種を捕手と一緒に探していく。自分の状態を把握してからピッチングを組み立てていくわけです」

黒田は7回、143キロのツーシームで中村から見逃し三振を奪うと思わずマウンド上で雄叫びを上げた。強い思いのこもった投球だったことをうかがわせた。

結局、黒田はこの回を投げ切ると残りの8回、9回をリリーフ陣に託した。結果で見れば7回を5安打1四球、無失点の好投であったが、

粘りのピッチングで7回を無失点に抑えた黒田。4回の打席ではみずから二塁打を放ち、投打でチームを牽引した。

緊迫した展開の中で三者凡退に抑えたのは4回のみ。粘り強く要所を抑えた形の投球だった。

キレのいい球を投げ込んで相手を圧倒するような投球ではなかった。しかし、ランナーを出しながらも得点を許さないところに黒田の真骨頂があった。

試合後に見せた期待に対する責任感

試合は、7回裏に広島が追加点を挙げるも、後を受けた一岡が8回に1失点。スコアが2対1となり、黒田の復帰登板を勝利で飾れるのか、カープファンにはハラハラした展開となってきた。

最終回には、抑えのヒースがピンチを招く。先頭の雄平に内野安打を許すと、牽制悪送球で無死二塁に。一死後、田中のこれまた内野安打で一死一、三塁とピンチが広がる。もしも、ここで追いつかれたら、いや、もしも逆転されてしまったら、黒田の勝ち星が消えてしまう……。誰もが不安に駆られていたことだろう。「お願いだから……」と祈ったことだろう。

この場面で、ヤクルトの大引はなんとスクイズを敢行するも、ホームタッチアウト。同点の危機をカープは何とか防いだ。最後はヒースが中村をライトフライに打ち取ってカープが逃げ切り、黒田は日本球界への復帰初戦を白星で飾ったのである。

この試合のヒーロー・インタビューは、もちろん黒田。

「やっぱり広島のマウンドは最高でした」

カープ復帰後の初登板で勝ち投手となった黒田。

広島のマウンドは最高でした。

この時点で、すでに泣き出しているファンがいた。

「苦しいイニングもあったが、大歓声もあって投げることができました。結果を残さないといけないプレッシャーもあったのでホッとしてます。試合中は必死。これからも楽だと思うことはないでしょう」

そして、強い決意のこもった言葉を続けた。

「何とか1年間、体が続く限りチームのために投げていきたい」

ヒーロー・インタビューが終わって、たくさんの報道陣に囲まれた黒田はすでに引き締まった表情をしていた。勝ち星を手にして喜んでいる様子でもない。ことさら感慨深いわけでもなさそうだった。

「明日からは次の登板に向けて準備しなければいけないので、ホッとできる時間はないですね」

もはや「武士」の顔つきになっていた。広島で再び黒田博樹の歴史が始まったのである。

スタンドを真っ赤に染めたカープファンの期待に応え、広島復帰登板で勝ち投手となった黒田。

土壇場で魅せた魂の熱投！

The Best 10 games

10

NPB CENTRAL LEAGUE
2015年10月4日 甲子園球場

広島 6-0 阪神

広島	000402000	6
阪神	000000000	0

勝 黒田 敗 藤浪

2015年のペナントレースも大詰め。クライマックスシリーズ進出に向けて、4位の広島は崖っぷちに立たされていた。

残りはわずか2試合。3位の阪神とのゲーム差は1に開き、クライマックスシリーズに進出するためには、2連勝するしかない。

そんな状況で迎えた10月4日、甲子園球場で行われる阪神との直接対決。この試合、広島は引き分けでも望みが断たれてしまう。しかし、広島が勝つとゲーム差はなくなり、10月7日に予定されている中日との最終戦にも勝てば、自力でクライマックスシリーズへの進出が決まる。

3月から始まったシーズン、この大事な一戦のマウンドを託されたのはここまで10勝の黒田だった。対する阪神の先発は、14勝を挙げ、最多勝のタイトルを目指す藤浪晋太郎である。藤浪はまだ21歳。40歳の黒田とは倍近い年齢差がある。しかもこの二人には、先の4月25日の対戦において、藤浪が打者・黒田に際どい内角攻めを続けたことで、黒田が形相を変えてマウンドに詰め寄るとい

Hiroshima
15

う因縁も勃発していた。

広島を背負ってきた40歳の黒田と、これからの阪神、いや、球界を背負って立つであろう藤浪がペナントレースの重要な試合で対決する構図は、まさにプロ野球の醍醐味と言ってもよかった。

チームを奮い立たせた黒田の打席での粘り

初回、黒田は鳥谷、大和、福留をなんなく退け上々の立ち上がりを見せる。続く2回は先頭のゴメスに死球を与え、一死後に今成にヒットを打たれたものの、後続を抑えて阪神に点を与えない。

すると、黒田は打席で流れを引き寄せる。3回表、打席に立った黒田は藤浪に2ストライクと追い込まれてから粘りに粘った。

なんとか仕留めようとする藤浪は、ストレートにカットファストボール、カーブも織り交ぜてきたが、黒田はなんと7球続けてファウルを打つ。最後は155キロのストレートを投げ込まれ、見逃し三振に倒れたが、藤浪に13球を投げさせた黒田の闘志が、広島ナインのハートに火をつけた。

3回裏、黒田は阪神の攻撃をリズム良く三者凡退に仕留めると、広島打線が4回表に見せ場を作る。先頭の菊池が中前打で出塁すると、続く松山が藤浪の変化球にうまく反応し、ライトポールを巻くホームランを放って先制した。松山はボールに食らいつく黒田の打席を見て、

「僕たちもやらないといけないと思いました」

と試合後にこの一打を振り返った。

黒田はマウンドだけでなく、打席でも闘志を見せた。

このホームランで勢いづいた広島は、二死から田中が四球を選び、続く安部がレフト前ヒットを打つと、レフトを守るマートンが打球の処理を誤り、二死二、三塁とチャンスを広げた。ここで黒田の女房役である石原がライト前へタイムリーを放ち、4対0として試合を有利に運んだ。

負けられないのは阪神にとっても同じこと。しかもこの日が最終戦とあって、是が非でも自力でクライマックスシリーズ進出を決めたい阪神は、5回に一死一、二塁と黒田を攻め立てる。ここで阪神は藤浪に代わって代打・西岡を送り込んできた。

このピンチの場面で黒田が真骨頂を見せる。左打席に立った西岡に二塁ゴロを打たせ、4-6-3のダブルプレーで切り抜けたのだ。まさにこの投球こそ、メジャー時代に磨いた「技」を感じさせる瞬間だった。

「そんなに三振は取れません。ピンチになったら三振を取れればいいのかもしれませんが、内野ゴロを打たせてゲッツーを取るのが効率もいいですから」

ピンチをしのぐと、6回表にはヒットで出塁した新井を一塁に置いて、続く田中がライトスタンドへ2ランホームラン。広島が6対0とさらにリードを広げ、俄然有利な状況となった。

しかし、阪神も必死の反撃を見せる。5回に続き、6回裏にも黒田はピンチを迎える。一死一、三塁で打席に迎えたのは4番のゴメス。黒田の狙いはやはりゲッツー。ゴメスもそれは重々承知している。勝負球に黒田が選んだのはツーシーム。引っかけさせてダブルプレーを取りにいく

配球だった。ゴメスはまんまと術中にはまり、今度は6-4-3のダブルプレー。ピンチを招くも黒田の投球術が冴えわたった。

そして7回は三者凡退。8回も二死から鳥谷にヒットを許したものの、代打の関本を投手ゴロに打ち取り3アウト。黒田は重要な一戦で、見事な仕事を披露したのである。

リリーフ陣を気づかい 9回も続投を志願

ここで黒田はお役御免……と思っていたのだが、驚いたことに黒田は9回も引き続きマウンドに向かった。しかし、先頭の福留にヒットを許し、4番のゴメスは三塁ゴロに打ち取ったものの、続くマートンにライト前へ運ばれ、一死一、三塁のピンチを招いてしまった。

この場面で広島の畝投手コーチがマウンドに向かい、交代を告げる。ここで黒田はクローザーの中崎に後を託したのである。若き守護神に対し、黒田はひと言、「すまん」と詫びたという。

「9回は自分でマウンドに行くと言っておきながら、しっかり抑えることができなくて——最後は申し訳なかったです」

黒田が続投を志願したのは、クライマックスシリーズ進出に向けて、リリーフ陣がすでに獅子奮迅の働きをしていたことを、身に染みて感じていたからだった。中崎だけでなく、シーズン途中からブルペンに回った大瀬良も連投が続き、体力的、そして精神的にもブルペンの負担は明らかに増していた。後輩たちの負担を少しでも軽くしたい、だからこそ9回もマウンドに向かった。それは黒田のいわゆる「男気」の表れだった。しかし、最後は一人で投げ切ることができず、それが中崎への謝罪の言葉につながったのである。

無失点の好投で広島復帰初年度を終えた黒田。シーズン終了後、去就が注目されるも、現役続行を表明し、12月17日に来季の契約を更改した。

その言葉に刺激されたのか、後を受けた中崎は、今成、梅野を連続三振に切って取り、広島のクライマックスシリーズ進出に望みをつないだ。

黒田は8回1/3、126球を投げ、8安打無失点で11勝目をマークした。しかし、そうした結果以上に、黒田の強い気持ちが表れた試合であったことは間違いない。

この勝利でクライマックスシリーズ進出の行方は、3日後の中日との試合に持ち越されることになったわけだが、黒田はここでもチームのためにひと肌脱ぐつもりだった。

「最後の試合になりますから、バッター1人でも行ってくれと言われれば、行くつもりです。少しでも力になれればと思います」

結局、中日との試合では、広島打線が沈黙し、黒田がマウンドに上がることなく敗れ去った。

それでも10月4日、甲子園球場で黒田が見せたピッチング、そして打席での粘りは、広島のために精一杯プレーする黒田の姿を、改めてファンに印象づけたのであった。

夢の球宴で見せた“勝負師”の性

番外編

NPB All-Star Game
2015年7月18日 マツダスタジアム

全セ 8-3 全パ

全パ	000012000	3
全セ	00133001x	8

勝 前田 敗 ディクソン

最優秀選手賞（MVP）●會澤翼（広島）
敢闘選手賞●新井貴浩（広島）、梶谷隆幸（DeNA）、森友哉（西武）
Be a driver.賞（特別賞）●田中広輔（広島）

「オールスター期間中は、メジャーにいた時みたいに休めれば、身体は楽なんでしょうが、今年はそうもいかないみたいですね（笑）」

２０１５年のオールスターゲームは第１戦が東京ドーム、第２戦がマツダスタジアムで行われることになっていた。

先発投手のファン投票では、黒田博樹が他の投手に圧倒的な差をつけてトップ。カープファンだけでなく、他球団のファンもオールスターでの黒田の投球を熱望していた。黒田も「できれば、広島で投げさせてもらえたら嬉しいです」と語り、その願いは現実のものとなる。

地元広島で迎えた8年ぶりのオールスター

7月18日、この日のマツダスタジアムは、オールスターゲームというよりも、カープのホームゲームのようであり、試合前から異様な興奮に包まれていた。

「あれだけの声援をもらったので、すごく嬉しかったですね。こみ上げてくるものがありました」

黒田は決して万全の状態というわけではなかった。右肩と右足に炎症があり、10日前に出場選手登録から外れていて、オールスターが久々の実戦マウンドとなった。

しかし、初回からパ・リーグの強力打線をきりきり舞いさせる。

１番の秋山（西武）を、カウント２－２と追い込んで、１３２キロのスライダーで空振り三振。上々の立ち上がりを見せる。続くクルーズ（ロッテ）にはレフト前ヒットを打たれるも、見せ場はここから。３番に柳田（ソフトバンク）、４番には中田（日本ハム）と強打者が並んでいた。

このシーズン、後に「トリプルスリー」を達成することになる柳田は、ぶんぶんバットを振り回してきた。黒田は2ストライクまで追い込むと、切れのあるフォークで三振を奪う。スタジアムがどっと沸く。

そして次は、右打者の中田。中田もフルスイングでホームランを狙ってきたが、黒田はスライダーで空振り三振に切って取った。

秋山、柳田、中田というパ・リーグを代表する強打者を全員三振で仕

2回裏、中島がセンターへ弾き返した打球を、グラブをはめていない右手で止めにいった黒田。オールスターゲームでも勝負に対するこだわりは不変だった。

留めた黒田。この試合に懸ける気持ちが球筋にキレを生んでいた。

目の前のアウトを取るため常に全力を尽くす心構え

そして2回。このイニングのハイライトは二死一、二塁で8番の中島（日本ハム）を迎えた場面だった。ここで「まさか」のプレーが飛び出す。カウント2－2からの7球目、中島の打球は強烈なピッチャー返しとなり、黒田は咄嗟に右手を差し出し、ボールを素手で止めようとした。

〝危ない！〟誰もがそう思ったはずだ。なぜ、そこまでするのか。正直、オールスターはお祭りであり、勝敗は度外視である。黒田が地元のファンの前で、パ・リーグの強打者と対戦する。それを見られればいい。

それなのに、黒田はレギュラーシーズンの試合と同じように、打球に対して思わず手を出してしまったのである。幸いなことにボールは手に当たらずに済んだ。もしも、当たっていたら……。

この中島の中前安打で満塁となったが、黒田は9番の炭谷（西武）をセカンドゴロに打ち取り、無失点でオールスターの登板を終えた。

黒田は思わず手を出してしまったことについて、こう語った。

「いろいろ批判があるのは承知しています。もしも、ケガをしてしまったら、投げられなくなるじゃないか。先発投手としての責任を果たせなくなるじゃないか。そんな意見を耳にもしました。でも、あそこで手を出さないようでは、自分は野球をやっている意味がないと思うんです」

そして最後に、次のような言葉を付け加えた。

「もう一度、同じ状況になったら、同じように手でボールを止めにいくでしょう」

黒田はあくまで、黒田のままだ。

この試合では、黒田（写真右端）から前田健太（右から２番目）へ、広島が誇る２大エースの継投が実現。さらに、黒田のボールを受けた捕手の會澤（中央）が本塁打を放ってMVPを獲得。黒田とともに広島へ復帰した新井（後列左端）も２安打の活躍で敢闘賞を受賞するなど、カープファンにとってまさに夢の球宴となった。

黒田博樹クロニクル4

広島東洋カープ（復帰後）

2015～

広島東洋カープへの復帰を発表

2014年12月に広島への復帰を発表。年俸20億円を超えるメジャー球団のオファーを蹴り、推定年俸4億円で契約。

阪神・藤浪の内角攻めに激高

2015年4月25日の阪神戦、打席であわやデッドボールという厳しい内角攻めが続くと、投手の藤浪に詰め寄り気迫で対抗。

日本球界復帰後、初の完封勝利

2016年も現役続行を決断して広島と再契約。4月2日の巨人戦では日本球界に復帰後、初となる完封勝利を飾った。

キャンプから“男気フィーバー”

アメリカでの調整を終え、広島のキャンプに合流。キャンプ地の日南にはファンや報道陣が殺到してお祭り騒ぎに。

プロ通算200勝を達成！

2016年7月23日、阪神戦で勝ち投手となり、プロ通算200勝を達成。日本球界では25人目（日米通算での達成は2人目）。

谷口洋一＝文
清水亮一（APW）＝写真

Interview 私が見た黒田博樹 vol.1

野球解説者 大野豊

「プロ野球の世界でも人間性が大事なんですよ」

屈辱を経験しても腐らず それを糧に成長する強さ

――大野さんは、黒田投手と広島で2年間一緒にプレーしていますが、新人時代の黒田投手はどのような印象でしたか？

大野：自分のチームにドラフト上位で入ってくる選手、特に投手は当然気になりますから、キャンプでどんなボールを投げるのか注目しました。まだ荒削りでしたが、当時からストレートには力がありましたね。

――最初に会った時の印象は？

大野：初めて会ったのがいつかは覚えていませんが、僕と同じで色が黒いなと（笑）。性格は大人しい感じで、優しい笑顔が印象的でした。それは今でも変わりませんね。

――黒田投手でもプロ入り後は、なかなか勝てない時代がありました。

大野：若い頃の黒田はスピードボールに頼りがちで、力任せの投球スタイルでした。制球力にやや難があり、変化球も物足りなかったため、打者を打ち取る配球の組み立てができていなかった。緩急でストレートを速く見せる投球術がないと、いくら速い球を投げても、プロのレベルではバットに当てられてしまうんですよ。

――大野さんは引退後に投手コーチとして指導もされていますね。

大野：黒田に対して、あまり細かい指導をした覚えはありません。真面目で努力家でしたし、ほとんど手が掛からなかった。才能だけではプロで成功できません。やっぱり人間性が大事なんですよ。コーチが言わないとやらない選手もいますから。黒田には才能を伸ばす人間性がありました。地道な練習を積み重ねることで、それが実となり、押しも押されもしないカープのエースへと成長していったわけです。

――黒田投手が投げた試合で記憶に残っている試合はありますか？

大野：僕が投手コーチをしていた1999年、ナゴヤドームの試合で黒田が9回に逆転ホームランを打たれて負けたことがあり、試合後にうなだれて涙を流している姿が強く印象に残っています。僕も「その悔しさを忘れるな」とひと言だけ声を掛けましたが、当時から1試合1試合に懸ける気持ちは、相当強いものがありましたね。

――その後、2004年のアテネ五輪でも、日本代表の投手コーチとして黒田投手と一緒に戦っていますね。

大野：アテネ五輪は、日本がオールプロ選手で挑む初めての大会であり、金メダルが絶対命題。さらに、監督でありながら病で五輪を断念した長嶋さんの思いも背負っていましたから、もの凄いプレッシャーがありました。黒田はすでにカープのエースとなっていましたが、チーム事情もあって中継ぎで投げてもらうことに。彼は与えられた役割に対して全力を尽くしてくれるので、チームとして本当に助けられました。実際に黒田がロングリリーフでチームを救ってくれた試合もありましたから。

――黒田投手はアテネ五輪で中継ぎを経験したことで、もっと絶対的なエースになると奮起したそうですね。

大野：黒田には投手コーチだった僕が中継ぎになることを伝えました。冷静に聞いていましたが、内心は悔しかったと思います。そこで腐るのか奮起するのか。そこが一流の選手になれるかどうかの分かれ道。繰り返しになりますが、やはり才能を伸ばすには人間性が大事なんですよ。金メダルは獲れませんでしたが、アテネの日本代表はひとつにまとまっていて本当にいいチームでした。一緒に戦った選手とは絆のようなものを感じます。だからこそ黒田に対しては、カープの後輩の中でも特に思い入れがあるんですよ。

2004年のアテネ五輪でも、日の丸を背負ってともに戦った大野氏と黒田。

渡米前より輝きを増して帰ってきた唯一の男

――メジャーリーグへの挑戦については、どのように感じましたか？

大野：日本で最多勝や最優秀防御率のタイトルを獲りましたし、上のレベルで力を試したいと思うのは当然。

黒田は本当に愛されていましたから、球団もファンも気持ちよくアメリカへ送り出したと思いますよ。

――なぜ黒田投手はこれだけ熱い支持を得ているのでしょうか？

大野：黒田は打線の援護がなくても態度に出さないし、疲れていても言い訳しない。調子が悪くても常に全力。どんなに活躍したって偉ぶることもない。ただ単に何勝したからとかではなく、そういう男だからこそ味方も勝たせたいと思うし、ファンも熱い声援を送るんじゃないですかね。愛される人物というのは、人間としても一流なんですよ。

――メジャーリーグ移籍後も、黒田投手の試合は見ていましたか？

大野：中継を見られる時は気になってチェックしていました。成功してほしいと思って見ていましたが、まさかここまで活躍するとは。並大抵の努力じゃなかったと思います。

――黒田投手がメジャーで成功した要因はどこにあるのでしょうか？

大野：一番はやはり順応性じゃないですかね。メジャーから日本に来た外国人投手だって、アメリカと同じようにパワー勝負にいっても、コツコツ当てられて思うように打ち取れない。野球の違いを受け入れて対応できるか。それは日本人投手がメジャーに行く場合も同じです。

――具体的には、どのように投球スタイルが変わったのでしょうか？

大野：投球フォームは変わりませんが、剛から柔になりましたよね。ツーシームを中心にボールを動かし、ストライクゾーンを広く使って打ち取る投球スタイルを作り上げた。黒田は体が硬くてどっちかというと不器用なタイプだと思うんですけど、メジャーでの順応ぶりを見ると、意外に器用なのかもしれませんね。

――中4日で投げるメジャーのローテーションはやはり過酷ですか？

大野：そりゃあキツいですよ。規定投球回数をクリアするだけでも至難の業です。先発としてメジャーで長年活躍した日本人投手は黒田と野茂ぐらいでしょう。投球術から調整法、体のケアにいたるまで、彼なりに相当研究したんじゃないですかね。

――メジャーから広島に復帰すると聞いた時は驚きましたか？

大野：僕は戻ってこなくていいと考えていたんですよ。だってあれだけメジャーで活躍していたわけですから。もちろん広島に復帰すると聞いた時は嬉しかったですけどね。性格的に日本へ逃げ帰るようなことは良しとしない男ですから、おそらくメジャーで通用しなかったらそのまま引退していたでしょう。彼の中では、胸を張ってカープへ戻るためにも、メジャーで結果を出し続ける必要があったのだろうと思います。

――メジャーから復帰してこれだけ歓迎された選手は記憶にありません。

大野：20億円ものオファーを蹴るのも凄いですが、それ以上にメジャーで活躍する実力がまだありながら日本でプレーすることが凄い。メジャーをクビになって戻ってくる選手とは、戻る理由がまったく違いますから。渡米前より輝きを増して帰ってきた選手なんて今まで誰もいなかった。ありがたいことですよ。

――広島復帰1年目の２０１５年は、見事に11勝を挙げました。

大野：メジャーでバリバリ活躍していたのだから、日本で二桁勝つのは当たり前と思われますが、そんな簡単じゃないですよ。日本のほうがボールが少し小さいし、マウンドも低くて柔らかい。アメリカへ行った時と同じように、今度は日本に順応する作業が必要だった。去年のキャンプでもマウンドをかなり気にしていました。黒田みたいに深く沈み込まず、股関節を上手く使って投げるフォームは、踏み出した前足が土をしっかり噛まないとフォームが安定しない。日本のマウンドは土が掘れて足がズレやすいんですよ。そこが心配でしたが、さすが黒田ですね。

カープの快進撃を生んだ黒田と新井のひたむきさ

――今年（２０１６年）は広島の25年ぶりの優勝が見えてきましたね。

大野：黒田は勝ち星以上にチームに貢献していると思います。お手本となるベテランがいるチームは強い。それが黒田であり、野手でいえば新井ですよ。あの二人が同じタイミングでチームに戻ってきたというのも、何か運命的なものを感じますね。

――主力が若い今の広島には、ベテ

ランが必要ということですね。

大野：ベテランなら誰でもいいというわけではありません。自分のことしか考えないベテラン選手は、逆にチームの雰囲気を悪くする。しかし、黒田と新井は違います。二人は今でも練習から一切手を抜きませんから。そういう先輩が背中で引っ張るとチームはひとつにまとまるんです。黒田は去年のオフにやめるか続けるかで悩んでいましたが、僕からしたら、キツいのは分かるけど、頼むからやめるなと。今年のカープの快進撃は黒田の存在あってこそですよ。

――今春のキャンプでは二人で対談もされたそうですね？

大野：はい。その際、黒田から「大野さんがタイトル（最優秀防御率）を獲ったのは42歳ですか？」と聞かれたんですよ。僕を見て彼が、〝40代でもやれるんだ〟と少しでも励みにしてくれたら嬉しいですね。そして今年のキャンプでは、黒田が円陣で「優勝できるよう頑張っていきましょう！」と発言し、チームを鼓舞したんです。軽々しく優勝などと口にする男ではないので、今年に懸ける彼の覚悟を感じました。

――黒田投手自身も日米通算200勝を達成しました。

大野：彼にとって200勝は通過点かもしれないけど、凄いことですよ。黒田が200勝して、新井が2000本安打を打って、カープが優勝となったら、もう最高の筋書きじゃないですか。黒田も球団もファンもみんな報われるわけですから。

――最後に黒田投手へのエールをいただけますでしょうか。

大野：人一倍責任感の強い男ですから、大きな期待を背負って投げ続けるのは本当にキツいと思います。それでもあんなに応援してくれるファンがいるわけですから、もうひと踏ん張り、現役生活の集大成ともいえる活躍を期待しています。

profile

大野 豊（おおの ゆたか）

1955年島根県生まれ。1977年にドラフト外で広島東洋カープに入団。1988年と1997年に最優秀防御率のタイトルを獲得。1991年には最優秀救援投手にも輝いた。広島一筋で現役生活を貫き、1998年に引退。プロ通算148勝100敗138セーブ。

谷口洋一＝文
田村裕未（APW）＝写真

Interview 私が見た黒田博樹 vol.2

元ロサンゼルス・ドジャース日本担当スカウト

小島圭市

「メジャーで活躍することは最初から分かっていました」

メジャーで通用する投手の条件とは

——もともと小島さんは、投手として巨人でプレーされていましたが、どのような経緯でドジャースのスカウトになられたのでしょうか？

小島：巨人を退団した後、渡米してマイナーリーグでプレーしました。その後、中日や台湾でプレーし、二度目の渡米時に関係者から声を掛けていただいたのがきっかけです。

——黒田投手については、スカウトとしてどのように見ていましたか？

小島：最初に見た時は、広島に入団して数年経った頃だと思いますが、まだコントロールが悪く、評価もそこまで高くありませんでした。

——どこでその評価が変わっていったのでしょうか？

小島：当時の私は、3年以内でFA権を取得する日本人選手に注目し、ひと通りチェックしていました。そこであらためて黒田投手の投球をじっくり見たのですが、驚くほど成長を遂げていました。

——具体的には、最初に見た頃とど

こが変わっていたのでしょうか？

小島：もともとボールに力はありましたが、さらに磨きがかかっていました。そして課題だったコントロールも安定し、打者を思い通りに打ち取っていた。凄い投手と出会えてスカウトとしての血が騒ぎましたね。

――技術的には、どういったところが一番変わったと感じましたか？

小島：そこから彼の登板をほぼ全試合球場で観察しましたが、私の見解では、シュート系のボールを覚えたことが大きかったと思います。シュートを投げるようになってから、だんだんピッチング全体のバランスが良くなり、ボールも低めに集まるようになったと感じました。

――他に小島さんが注目していた日本人選手はいましたか？

小島：当時、私も含めたメジャー球団のスカウト陣が最も注目していたのは松坂大輔でした。実際に黒田投手より成績も残していましたが、私の評価は黒田投手のほうが上でしたね。ドジャースにも、松坂投手より黒田投手を獲得すべきだと進言していました。

――なぜ小島さんは、そこまで黒田投手がメジャーリーグで活躍できるという確信があったのですか？

小島：私が考えるに、メジャーで通用する投手の条件は、「ストレートに力があること」「シュート系のボールを持っていること」「心をセルフコントロールできること」。もちろん他にもありますが、主な条件はこの3つ。黒田投手はこれらの条件をすべて満たしていたんです。

――心技体が揃っていないといけないということですね。

小島：その通りです。私のスカウティングは、試合だけでなく、練習やベンチでの振る舞いなんかにも注目します。そういったところから選手の本当の性格が見えてくる。彼はプロ意識が高く、いつも目的意識を持って練習に取り組んでいました。こういう選手は必ず成長するし、一度身につけた技術を、しっかり自分のものにできるんですよ。

――ただ試合のピッチングを見るだけではダメなんですね。

小島：一流の投手は心も一流ですから、そこを見極めるのもスカウトの仕事。黒田投手は好投していても、打ち込まれてもまったく表情が変わりません。負け投手になった次の日も黙々とルーティンに取り組みます。心が乱れないんですよ。だからピンチを迎えても焦らないし、たとえ打たれたとしても、そこから自分に足りないものを分析し、レベルアップにつなげていけるわけです。彼はすでに一流の投手でしたが、まだまだ伸びシロがあると感じました。

結果を残しながら モデルチェンジする凄さ

――小島さんが黒田投手と初めて会ったのはいつでしたか？

小島：FA権を取得するシーズンに入る前のオフです。関係者を通じて面会し、スカウトとして話をさせていただきました。各球団のエース級になると態度が大きくなる選手もいますが、彼は違いました。スカウトの私に対しても敬意をもって接してくれて、人間としての魅力も感じましたね。ただ私情が入ると正しい評価ができなくなるので、その後に会ったりすることはなかったです。

――そこから黒田投手は広島に1年残留した後、メジャーリーグへの挑戦を表明しました。最終的にドジャースが選ばれた理由はどこにあったのでしょうか？

小島：契約をまとめる交渉にスカウトは関わらないので、球団から聞いた話になりますが、金銭面では他球団も同程度の提示をしていたとのこと。決め手となったのは、金銭面やチーム状況より、家族の住環境などを考慮した結果だったようです。

――ドジャースが出した4年契約の提示が、黒田投手の希望で3年契約になったそうですね。

小島：彼らしいなと思いました。まずは3年間で結果を出すことに集中したいという考えだったようですが、代理人もビックリですよ（笑）。こんな選手は見たことがないって。だって10億円ものお金をいらないっていうわけですから。そこからして彼は意識レベルが違いました。

――黒田投手がメジャーリーグの野球に順応できるかどうかの不安はありませんでしたか？

小島：彼は器用なタイプではないの

2008年7月7日、ドジャー・スタジアムで行われたアトランタ・ブレーブス戦。黒田は相手打線を圧倒し、1安打完封勝利の快投を演じた。

で、アメリカの野球や生活に馴染むまで少し時間はかかると思いましたが、絶対にメジャーで成功できるという確信がありました。春のキャンプも見に行きましたが、黒田投手のドジャース入団1年目は、チームに同じ日本人投手である斉藤隆がいましたので、いろいろ助けられた面もあったと思います。

――しかし、過酷な中4日のローテーションなど、先発投手には特にメジャーリーグの壁がありますよね。

小島：そこも不安はありませんでしたね。黒田投手はフォーム的にも体を上手く使っていて、肩を痛めにくいタイプだったので、中4日の登板にも耐えられると思っていました。

――実際にシーズンに入ってからのピッチングは、小島さんから見てどのような印象でしたか？

小島：開幕してから最初の10試合ぐらいは探り探りという感じでしたが、その後は安定してきました。私が思っていたより順応するのは早かったという印象です。特にシュートの代わりに修得したツーシーム（※黒田投手本人はシンカーと言っている）を使うことによって、メジャー仕様のピッチングの組み立てができるようになりましたね。

――日本時代とはピッチングスタイルを変えていったわけですね。

小島：黒田投手の凄いところは、結果を残しながらモデルチェンジを果たしたこと。普通はピッチングスタイルを変えたら、結果が出るまでかなり時間が掛かりますよ。しかし、彼は中4日で登板し、実戦で試行錯誤しながら新しいスタイルを作り上げた。ストレートで押していた日本時代のスタイルから、ボールを動かしてストライクゾーンを広く使う緻密なスタイルへと転換したんです。私も10年以上スカウトの仕事を務めましたが、シーズン中にここまで成長する投手は初めて見ましたね。

――黒田投手が投げた試合で印象に残っている試合はありますか？

小島：私はドジャースに対し、「黒田博樹を獲れば、メジャーでノーヒットノーランもできる」と言っていたんですよ。そのチャンスがメジャーデビューから3カ月後のブレーブス戦で早くも訪れました。あの日は、7回まで走者を一人も許さないパーフェクトピッチング。これはイケると思った8回、4番のテシェイラにスライダーを打たれてしまったんです。結局、後続を抑えて1安打完封勝利。あの日の調子からすると、もしあそこでスライダーではなく、ツーシームを投げて外角に落としていれば、間違いなくノーヒットノーランを達成していたはず。今思い出しても悔しいですね（笑）。

――黒田投手のメジャー1年目は二桁勝利に届きませんでした。

小島：数字を見ればそうですが、実際は1年目から15勝以上していてもおかしくないピッチングをしていました。チームの評価も同様で、黒田投手への信頼は、翌年に開幕投手を任されたことでも分かるでしょう。

――数字だけではないのですね。

小島：彼が投げる試合はとにかく打線の援護がなく、見ているこっちも気の毒でした。勝ち星は投手だけではどうにもならない部分があるので、メジャーリーグでは勝ち星以上に投球回数を重視するんですよ。メジャーでは、1年間、中4日のローテーションを守り続けることができなければ、先発投手として評価されません。メジャー時代の黒田投手は、打球直撃でケガをした2年目以外、すべてのシーズンで200イニング前後に登板し、規定投球回数をクリアしました。

――それはやはり凄いことですか？

小島：これは本当に凄いことです。彼が20億円を超える年俸を提示されるまでの投手になったのは、やはり中4日で何年も投げ続けたことが評価されたということなんですよ。

会うたびに語っていた広島という街の魅力

――黒田投手のカープ復帰が決まった時は、どのように感じましたか？

小島：その時が来たかという感じですね。たとえメジャーでプレーしていても、彼にとって一番の夢は、カープで優勝することでしたから。

ただ私の中では、カープに戻るというより、「広島という街に帰る」という印象を受けました。会って話をしていても、彼は「広島はいいですよ。広島の人たちは優しいんですよ」と、いつも広島の魅力を私に語っていました。東京、ロサンゼルス、ニューヨークと世界有数の大都市で暮らしても、彼の中ではやっぱり広島の街が一番だったというわけですね。

――黒田投手らしい話ですね。いよいよ2016年は、カープで優勝という夢も叶いそうです。

小島：私も自分のことのように嬉しいですよ。メジャーリーグのスター選手になっても、彼は最初に会った頃から謙虚で何も変わっていません。そんな男だからこそ、不可能といわれた夢も実現できるのだと思います。

profile

小島 圭市（こじま けいいち）

1968年神奈川県生まれ。投手として日本（巨人、中日）、アメリカ、台湾のプロ球団でプレー。その後、2001～2013年までロサンゼルス・ドジャースの日本担当スカウトを務めた。現在は、一般社団法人i4エージェンシーの代表理事兼CEOとして、スポーツ環境の向上や青少年の育成に取り組んでいる。

谷口洋一＝文
藤澤孝代＝写真

Interview
私が見た黒田博樹
vol.3

チュートリアル
徳井義実

「メジャーに行くべきだと思っていました」

黒田さん一人でカープを支えていた

――徳井さんはカープファンとして知られていますが、生まれも育ちも京都なのに、なぜ広島のチームを応援しているのですか？

徳井：野球に興味をもった小学生の頃は、関西なのでまわりがみんな阪神ファン。でも、みんなと同じなのはなんか嫌だなと。それで巨人ファンになるかと思いきや、父親がとにかく大のアンチ巨人で（笑）。僕もその血を継いでいるからなのか、人気のある主流派より抵抗勢力に肩入れするところがあり、気づいたらカープファンになっていました。

――カープの中でも特に好きな選手はいましたか？

徳井：昔からピッチャーが投げるストレートの球筋を見るのが好きなんです。糸を引くような軌道と言いますか。津田（恒美）さんが投げる剛速球の球筋は凄かった。大野（豊）さんの矢のようなストレートも美しい球筋でした。黒田さんも新人時代からストレートがめっぽう速かったので、注目して見ていましたね。

—球場に行ってカープを応援する機会などはありましたか？

徳井：京都でカープを見ようと思ったら甲子園に行くしかない。でも京都からだとけっこう遠いので、見る機会は限られていました。だから広島在住のファンと違って、カープは身近な存在ではなく、テレビで応援する憧れのチームという感じでした。

—黒田投手の活躍については、どのように感じていましたか？

徳井：黒田さんがカープのエースとなって活躍していた時代は、すでに僕も芸人になっていたので、たまにしか試合を見られませんでした。もちろん試合結果は逐一チェックしていましたが、当時のカープは低迷期。イメージとしては黒田さん一人でチームを支えている状態。カープファンからすると、あの頃は黒田さんの存在だけが唯一の希望でしたね。

—実際に、黒田投手とお会いしたことはありますか？

徳井：黒田さんが渡米する前の2007年だったと思いますが、僕が出ていた関西ローカルの番組にVTR出演してくれて、試合で着たユニフォームを送っていただいたんです。ただし初めて会ったのはカープに復帰した2015年なので、つい最近ですね。ある番組でカープの宜野湾キャンプにお邪魔した際、短い時間でしたがご挨拶させていただきました。

—初めて黒田投手と会った印象はいかがでしたか？

徳井：初対面でも気さくに接してくれましたが、僕とは背負っているものが違うというか、信念をもって生きている男の凄みみたいなものを感じました。同世代とは思えない存在感でしたね。

—芸人の世界でいうと、黒田投手は誰のような存在でしょうか？

徳井：カープの選手をこう例えるのも変ですけど、オール阪神・巨人師匠みたいなイメージですね。黙々と舞台に上がって爆笑を取り続け、背中で若手芸人を引っ張る。そんな姿が今の黒田さんと重なります。

—黒田投手とプライベートでの交流はありますか？

徳井：いえ。仕事以外では品川駅で偶然お会いしたことがあるぐらいです。ずっと京都で応援していたせいなのか、僕にとってカープの選手は今でも憧れの存在。だから自分が選手と対等に話すなんておこがましいし、友達になって近づきたいという感覚もありません。ファンとして、一方的に応援させてもらうだけで十分なんですよ。

メジャーリーグへの挑戦を表明したカープのエースに、徳井さんは理解を示していた。

カープへの残留表明に喜べなかった理由

—黒田投手がメジャーリーグへ移籍する時はどういう心境でしたか？

徳井：メジャーに行く1年前、一度はカープに残留したじゃないですか。あの時は素直に喜べない自分がいました。ファンとしてチームに残ってほしい気持ちは当然あります。その一方で、高いレベルに挑戦させてあげたいという思いもありました。だってあれだけのピッチャーですから。日本ではいくつも個人タイトルを獲ったし、上のレベルで自分の力を試してみたいと思うのは当然ですよ。一度きりの人生ですからね。

――メジャーに移籍した時より、カープ残留を表明した時のほうが、徳井さんには強く印象に残っているということですね。

徳井：カープ残留と聞いた時、あの人が何のために野球をやっているのか分かったような気がしました。本当なら1年でも早くメジャーに行きたかったはず。移籍を翌年まで延ばしただけじゃないかと言う人もいますが、分かってないですね。残留した2007年にもし黒田さんが不振で勝てなかったり、ケガでもしたら、メジャー球団からのオファーがゼロになる可能性もあったわけで、相当覚悟のいる決断だったと思います。

――メジャー挑戦を表明した時は、嬉しい気持ちもあったのですか？

徳井：黒田さんがメジャーへ行っても、カープのために身を粉にして投げてくれた感謝の気持ちは消えません。それに黒田さんには黒田さんの人生があります。ファンがカープを応援しているのは、あくまでも趣味であり娯楽の話。でも黒田さんにとって野球は仕事であり人生ですから。仮に黒田さんがメジャー行きを断念したら、僕らは嬉しいけど、それで黒田さんは人生におけるチャレンジの機会を失ってしまうわけです。だからメジャーへの挑戦を表明した時は寂しい気持ちもありましたが、内心ホッとしましたね。

――黒田さんのメジャー挑戦には、共感できる部分もありましたか？

徳井：黒田さんが渡米したのと同時期に、僕も大阪から東京に進出しました。あの頃は大阪での芸人生活に

profile

徳井 義実（とくい よしみ）

1975年京都府生まれ。1998年に幼なじみの福田充徳とお笑いコンビ・チュートリアルを結成。2006年に「M-1グランプリ」で優勝。2007年より東京に拠点を移し、バラエティ番組を中心に活躍中。俳優としても映画、ドラマに多数出演している。

行き詰まりを感じていて、芸人をやめようとまで考えていたんです。

――えっ、そうなんですか!?

徳井：大阪って芸人の活躍する場がたくさんあるようなイメージですけど、実は純粋なバラエティ番組って少ないんですよ。情報番組やワイドショー的な番組にそれぞれ何人かの芸人が混じってるというのが実状で。

――徳井さんからすると、それでは物足りなかったわけですか？

徳井：笑いを追求する番組ではないので、だんだんモチベーションが下がってきて……。30歳にもなり、他の仕事を始めるなら今のうちかなって。そういう時期に「M－1グランプリ」で優勝し、東京進出の足掛かりができたのは幸運でしたね。

――東京に行って、そういった状況は好転しましたか？

徳井：いろんなバラエティ番組に出演させてもらって、芸人としての可能性を広げることができました。東京は競争が激しくてプレッシャーもありますが、その分やりがいも大きい。僕自身は東京に出てきて本当に良かったと感じています。だからこそ黒田さんもアメリカへ行くべきだと思ったんでしょうね。

カープ復帰より感動した２０１６年の現役続行

――黒田投手のカープ復帰が決まった時は、どのように感じましたか？

徳井：そりゃあもう歓喜ですよ。ただお金のことばかり騒がれたじゃないですか。20億円以上のオファーを蹴ったから男気だとか。確かにそれも凄いことですけど、もともとお金のためにプレーしている人ではないですからね。僕が嬉しかったのは、黒田さんがメジャーで投げるより、カープで投げることに価値を感じてくれたこと。そこに感動しました。

――プロの世界であっても、お金より大切なことがあると？

徳井：僕らなんかでも、今日はしんどいなとか、あの仕事キツいなって思う時がありますけど、それでも〝やるぞ！〟ってなるのは、結局のところお金ではなく、仕事に対するやりがいなんですよ。芸人と野球選手の違いはありますが、黒田さんも同じような気持ちだったのかなって。

――復帰したカープでも、黒田投手は好成績を残しましたね。

徳井：去年（２０１５年）のカープは残念ながら4位に終わりました。それでも黒田さんはカープファンにしっかり夢を見せてくれたし、11勝を挙げる活躍で十分すぎるほど恩返しをしてくれました。去年で引退しても誰も文句言えませんよ。

――２０１５年のシーズンオフは、黒田投手の去就が注目されました。

徳井：黒田さんに関して、僕が最も凄い決断だと感じたのは、２０１６年も現役続行したこと。個人的にはカープに復帰した時より感動しました。

――それはなぜですか？

徳井：今年はマエケンもいないし、普通に考えればカープは優勝どころか最下位になる可能性もあった。黒田さんだって年齢的にいえば好成績を残せる保証もない。今でこそ現役を続行して良かったと言えますけど、もし黒田さんが思うような成績を残せず、カープも下位に沈んでいたら、ファンの期待に応えられなかった責任を感じて苦しんだと思います。そういうリスクがある中、カープの優勝を目指して現役を続行してくれた。僕はこの決断が一番シビれましたね。もう責任感だけでしょ。チームのため、ファンのため。決して自己満足じゃない。そんな選手だからこそ、みんな応援したくなるんですよ。

――黒田投手は２０１６年も現役を続行したことによって、日米通算２００勝を達成しました。

徳井：カープファンとして誇りに思います。でも黒田さんにとっては、個人記録よりカープで優勝することのほうが嬉しいでしょうね。

――今年のカープは強いですね。

徳井：ここまで強いカープは想像していませんでした。ただ黒田さんの現役続行が、チームに刺激を与えたのは確かだと思います。去年はみんな男気フィーバーに舞い上がってしまったので、今年はしっかり地に足をつけて応援しています(笑)。

――最後に黒田投手へのメッセージをお願いします。

徳井：ケガだけには気をつけてほしいですね。僕らカープファンは黒田さんをひたすら応援するだけですから、どこまでも付いて行きます！

黒田語録 男気名言集

これまで黒田博樹が記者会見やインタビューで語った印象に残る言葉をピックアップ。ブレない信念と野球に対する妥協なき姿勢はいつの時代も変わらない。

其の一

雪に耐えて梅花麗し

「梅の花は、寒い冬を耐え忍ぶことで、春になれば一番麗しく咲く」という西郷隆盛が詠んだ漢詩の一節。「苦しまずして栄光なし」との意味を持ち、黒田自身の座右の銘となっている。

其の二

僕をここまでの投手に育ててくれたのはカープ。そのチームを相手に、僕が目一杯ボールを投げる自信が正直なかった。

2006年11月、FA権を行使せず、広島残留を表明した記者会見での発言。すでにこの時から、日本では広島以外のユニフォームを着ることはないと心の中で決めていた。

其の三

広島東洋カープから来ました黒田博樹です。

2007年12月、アメリカ・ロサンゼルスで行われたドジャース入団会見での第一声。アメリカの記者団を前にして、広島でプレーしてきたことへの誇りを覗かせた。

其の四

アメリカで何の実績もない自分が、メジャーで何年も頑張ってきた選手の年俸を超えてしまうのはおかしいと思った。

2007年12月にドジャースと契約を結ぶ際、球団側から4年契約を提示されたにもかかわらず、年俸総額を減額し、みずから3年契約へ短縮するように懇願した理由を問われて返答。苦しい勝負の世界で、4年も戦う義務を背負えないとの思いもあった。

其の五

アメリカに来たのだから、アメリカの野球を受け入れないと、自分のことも受け入れてもらえないと思った。

渡米後、投げ込みで肩を作っていた日本式の調整法ではなく、投球数が細かく制限されるメジャー式の調整法に切り換えた理由を説明。シーズン中も中4日のローテーションに合わせ、メジャー式の調整法をベースにした。

其の六

メジャーのボールには、自分の生活がかかっているんです。そう思えば「滑る」という発想は出てきません。メジャーのボールはこれって言われたら、これしかないんですから。

メジャーのボールが滑りやすいと言われることについて、独自の見解を主張。ボールを言い訳にしない強い覚悟とプロ意識を垣間見せた。

其の七

僕が野球をやめた時、彼にボールを当てられたと胸を張れる選手になってほしい。

2009年8月15日のダイヤモンドバックス戦で、相手打者ラスティ・ライアルの打球が頭部を直撃。責任を感じたライアルは、自責の念を綴った手紙を黒田に送った。謝罪の手紙を読んだ黒田は、26歳のライアルに対し、気にしないでどんどん活躍してほしいと、逆にエールを送った。

其の八

スプリングトレーニングからやってきたメンバーと優勝することが大切なのではないかと思った。

2011年の夏、下位に低迷するドジャースと単年契約をしていた黒田のもとには、ポストシーズンに向けた戦力補強を目指す6～7球団からトレードのオファーが届いていた。しかし、黒田はワールドシリーズに出場するチャンスを断ち切り、春先からともに戦ってきた仲間とのプレーを望んだ。

其の九

複数年契約をしてしまうと、そこでケガをしたらチームにも迷惑をかけますし、思い切ってプレーするためには、1年契約のほうが自分のプレースタイルに合っている。

2011～2014年の4シーズン、複数年契約の提示を断り、単年契約でプレーした黒田。その根底には、毎試合、人生最後の試合だと思ってマウンドに上がる勝負師としての信念があった。

其の十

頼もしいというより、僕がついていけるかですよ。

メジャーデビュー戦で勝利投手となった田中将大に対してコメント。ひとまわり以上も年下の選手にも敬意を払うとともに、後輩の活躍を自分のことのように喜んだ。

其の十一

アメリカで通用する力があるうちにカープに戻ってプレーをしたい。

広島に戻るなら、チームに貢献できる状態で戻らないと意味がないと、常々語っていた黒田。その言葉通り、メジャー球団からの巨額オファーを断り、古巣広島への復帰を決断した。

其の十二

今から考えるとあっという間。1年1年、生き残っていくためにどうすればいいのか常に考えてやってきた。7年間は一瞬で終わった感じです。

広島復帰が決まった後、記者団から7年間のメジャーリーグ生活について聞かれ、「一瞬」という表現で総括。1試合、1試合、いかに限界ギリギリの勝負を挑んでいたのかが伝わってくる重い言葉。

其の十三

お互いが勝ちたいと思うあまりに起きたこと。もうグラウンド上で起きたことを引きずることはない。

2015年4月25日の阪神戦において、自身に厳しい内角攻めを繰り返した藤浪に激高。これには黒田なりにチームの士気を高める狙いもあった。試合後は一転、若い藤浪を気遣うコメントを残した。

其の十四

新井が野球をやっている姿を見ると、誰もが応援したくなるものがあります。

同じ年に広島を退団し、同じ年にチーム復帰を果たした黒田と新井。黒田自身、野球と真摯に向き合う新井の復帰が、カープへの復帰を決断するひとつの要因になったことを明かしている。

其の十五

選んだ道が「正解」となるよう努力することが大切だと思う。

自身の選択に対して、「カープに来たことが正解かどうかは分からないけど、それを僕自身が正解にしようとしなければならない」と心境を吐露。どの道を選んだとしても、未来は自分で切り拓くしかないという決意がそこにはあった。

其の十六

僕自身は自分の中で精一杯やって、それが199勝で終わろうと僕の中ではスッキリすると思います。

日米通算200勝への意気込みを聞かれても、個人記録にこだわらない姿勢は相変わらず。チームの勝利に貢献することが大切であり、記録はまわりの人が評価してくれればいいと語る。

其の十七

やっぱりモチベーションを探すというのは、どこかでもう1年やりたいというか、やらないといけないという気持ちがあったんだなという気持ちですかね。

2015年12月、広島での現役続行を表明した記者会見にて。復帰初年度を終え、「1年間必死に戦ってきた中で燃え尽きた部分もあったんですけど」と前置きしつつ、2016年シーズンに向けた意気込みを語った。

其の 十八

今日、最高のチームメイトと最高のファンの前で、そして最高のマツダスタジアムでこういう節目の勝利を挙げることができて、本当に自分自身、感動しています。

日米通算200勝を達成した2016年7月23日の阪神戦後に行われたお立ち台インタビューにて。喜びの気持ちを伝えるとともに、広島のファンとチームメイトに「最高」という表現を使って熱く感謝の意を示した。

其の 十九

201勝目を目指してまた明日から準備して。そして大きな目標に向かって、チーム全員で戦っていきたいと思います。

同じく日米通算200勝を達成した阪神戦後のお立ち台インタビューにて。今後の目標について聞かれると、すぐさま「201勝を目指す」との返答。先のことを見つめるより、目の前の1試合1試合にすべてを懸けてきた黒田博樹のキャリアを象徴するような言葉。

其の 二十

少々のことではローテーションを飛ばしたくない。アメリカに行って1年、それこそ半年で自分のおかれる環境や立場が変わってくるというのを見てきて、できる限りマウンドに立ち続けたいと年齢がいけばいくほど強く思うようになった。

日米通算200勝を達成した阪神戦後の記者会見にて。「どうしてそこまで投げ続けられるのか?」との質問に対しての返答。先発投手としてローテーションを守ることへの責任感と気持ちの強さが垣間見えた。

其の 二十一

今年のチームは20年やってきた中でもベストのチームだと思う。ベンチにいる選手も含めて素晴らしいチームなので、そのチームメイトと最後は優勝したい。

こちらも日米通算200勝を達成した阪神戦後の記者会見にて。2016年シーズン、快進撃を続けるチームに対して「ベスト」と称えた。黒田がチームを牽引するとともに、黒田も若い選手から刺激を受け、ベストと呼べるチームへと成長した。

黒田博樹投手 日米通算2

2016年7月23日(土) 対阪神タイガース戦

※青字のシーズンは地区優勝、赤字はリーグ最高成績

打者	投球回	被安打	被本塁打	与四球	敬遠	与死球	奪三振	暴投	ボーク	失点	自責点	防御率
601	135.0	147	17	63	0	4	64	8	1	72	66	4.40
199	45.0	53	5	24	0	1	25	1	0	34	33	6.60
406	87.2	106	20	39	1	3	55	4	0	70	66	6.78
623	144.0	147	21	61	2	1	116	3	0	73	69	4.31
786	190.0	**175**	19	45	1	8	146	7	0	72	64	3.03
671	164.1	166	16	34	3	1	144	1	0	69	67	3.67
827	205.2	197	18	45	2	3	137	5	1	77	71	3.11
639	147.0	187	17	29	1	2	138	1	0	81	76	4.65
852	212.2	183	17	42	2	7	165	7	0	76	75	3.17
744	189.1	169	12	21	4	7	144	5	0	49	39	**1.85**
738	179.2	176	20	42	3	5	123	1	0	78	71	3.56
776	183.1	181	13	42	8	7	116	5	0	85	76	3.73
485	117.1	110	12	24	1	1	87	5	0	59	49	3.76
810	196.1	180	15	48	13	5	159	12	0	87	74	3.39
838	202.0	196	24	49	6	5	161	12	1	77	69	3.07
891	219.2	205	25	51	2	8	167	13	0	86	81	3.32
824	201.1	191	20	43	2	5	150	6	0	79	74	3.31
820	199.0	191	20	35	0	7	146	13	0	91	82	3.71
685	169.2	158	8	29	0	7	106	3	0	53	48	2.55
7771	1870.0	1864	190	474	19	49	1363	46	2	804	745	3.59
5444	1319.0	1254	129	292	32	38	986	66	1	564	505	3.45

※緑字は先発投手として規定投球回数をクリアしたシーズン

四球	三振	打率	出塁率	長打率
20	281	0.078	0.114	0.085
13	72	0.100	0.153	0.105

▼主な個人タイトル

- ●最多勝利（2005年）
- ●最優秀防御率（2006年）
- ●ベストナイン（2005年）
- ●ゴールデングラブ賞(2005年)

▼黒田博樹 年度別投手成績（2015年度までの成績で算出）

年度	球団	登板	先発	完投	完封	無四球	勝利	敗戦	セーブ	ホールド	勝率
1997	広島	23	23	4	1	0	6	9	0	--	.400
1998		18	6	0	0	0	1	4	0	--	.200
1999		21	16	2	1	0	5	8	0	--	.385
2000		29	21	7	1	0	9	6	0	--	.600
2001		27	27	13	3	3	12	8	0	--	.600
2002		23	23	8	2	1	10	10	0	--	.500
2003		28	28	8	1	4	13	9	0	--	.591
2004		21	21	7	1	1	7	9	0	--	.438
2005		29	28	11	1	3	15	12	0	0	.556
2006		26	25	7	2	3	13	6	1	0	.684
2007		26	26	7	1	2	12	8	0	0	.600
2008	LAD	31	31	2	2	2	9	10	0	0	.474
2009		21	20	0	0	0	8	7	0	0	.533
2010		31	31	0	0	0	11	13	0	0	.458
2011		32	32	0	0	0	13	16	0	0	.448
2012	NYY	33	33	3	2	1	16	11	0	0	.593
2013		32	32	1	1	1	11	13	0	0	.458
2014		32	32	0	0	0	11	9	0	0	.550
2015	広島	26	26	1	0	0	11	8	0	0	.579
NPB：12年		297	270	75	14	17	114	97	1	0	.540
MLB：7年		212	211	6	5	4	79	79	0	0	.500

▼黒田博樹 通算打撃成績（2015年度までの成績で算出）

リーグ	試合	打数	得点	安打	二塁打	三塁打	本塁打	打点	盗塁
NPB	314	550	24	43	2	1	0	15	1
MLB	212	209	7	21	1	0	0	3	0

（LAD＝ロサンゼルス・ドジャース、NYY＝ニューヨーク・ヤンキース、NPB＝日本プロ野球、MLB＝メジャーリーグ）

永久保存版

黒田博樹 200勝の軌跡

The Best 10 games ～黒田博樹をめぐる10の物語～

デザイン　玉井真琴（有限会社エルグ）
撮　影　清水亮一、田村裕未（アーク・フォトワークス）、藤澤孝代、株式会社みづま工房
写真提供　（広島東洋カープ時代）みづま工房、日刊スポーツ、共同通信（MLB時代）ゲッティ イメージズ、AP/アフロ、ロイター／アフロ、The New York Times/アフロ、日刊スポーツ／アフロ、読売新聞／アフロ、Thomas Anderson/アフロ、YUTAKA/アフロスポーツ、アフロ
校　正　水尾裕之
編集協力　谷口洋一
編集担当　新井治
マネジメント　小坂勝仁

協　力　（株）広島東洋カープ

2016年10月9日　初版発行

発行人　内田久喜
編集人　松野浩之
発　行　ヨシモトブックス
〒160-0022　東京都新宿区新宿5-18-21
電話03-3209-8291
発　売　株式会社ワニブックス
〒150-8482　東京都渋谷区恵比寿4-4-9　えびす大黒ビル
電話03-5449-2711
印刷・製本　シナノ書籍印刷株式会社

ISBN 978-4-8470-9485-9